8급

쉽게 따는

행복漢 한

급수한자

새희망

한자능력검정시험안내

❖ 한자능력검정시험이란?

· 한자능력검정시험은 한자 활용 능력을 측정하는 시험으로 공인급수
  시험(특급, 특급II, 1급, 2급, 3급, 3급II)과 교육급수 시험(4급, 4급II, 5급, 5급II 6
  급, 6급II, 7급, 7급II, 8급)으로 나뉘어져 실시합니다.
· 한자능력검정시험은 1992년 처음 시행되어 2001년부터 국가공인자격시험(1급~4급)으로 인정받았고 2005년
  29회 시험부터 3급II 이상은 국가공인시험으로 치러지고 있습니다.
· 자세한 내용은 시행처인 한국 한자능력검정회 홈페이지 **www.hanja.re.kr**에서, 시험점수와 합격안내
  는 **www.hangum.re.kr**을 참조하세요!

❖ 어떤 문제가 나올까요?

각 급수별로 문제 유형은 아래 표와 같습니다.

구분	특급	특급II	1급	2급	3급	3급II	4급	4급II	5급	5급II	6급	6급II	7급	7급II	8급
독음	45	45	50	45	45	45	32	35	35	35	33	32	32	22	24
훈음	27	27	32	27	27	27	22	22	23	23	22	29	30	30	24
장단음	10	10	10	5	5	5	3	0	0	0	0	0	0	0	0
반의어(상대어)	10	10	10	10	10	10	3	3	3	3	3	2	2	2	0
완성형(성어)	10	10	15	10	10	10	5	5	4	4	3	2	2	2	0
부수	10	10	10	5	5	5	3	3	0	0	0	0	0	0	0
동의어(유의어)	10	10	10	5	5	5	3	3	3	3	2	0	0	0	0
동음 이의어	10	10	10	5	5	5	3	3	3	3	2	0	0	0	0
뜻풀이	5	5	10	5	5	5	3	3	3	3	3	2	2	2	0
약자	3	3	3	3	3	3	3	3	3	3	0	0	0	0	0
한자 쓰기	40	40	40	30	30	30	20	20	20	20	20	10	0	0	0
필순	0	0	0	0	0	0	0	0	3	3	3	3	2	2	2
한문	20	20	0	0	0	0	0	0	0	0	0	0	0	0	0

· 독음 : 한자의 소리를 묻는 문제입니다.
· 훈음 : 한자의 뜻과 소리를 동시에 묻는 문제입니다. 특히 대표훈음을 익히시기 바랍니다.
· 반의어.상대어 : 어떤 글자(단어)와 반대 또는 상대되는 글자(단어)를 알고 있는가를 묻는 문제입니다.
· 완성형 : 고사성어나 단어의 빈칸을 채우도록 하여 단어와 성어의 이해력 및 조어력을 묻는 문제입니다.
· 동의어.유의어 : 어떤 글자(단어)와 뜻이 같거나 유사한 글자(단어)를 알고 있는가를 묻는 문제입니다.
· 동음이의어 : 소리는 같고, 뜻은 다른 단어를 알고 있는가를 묻는 문제입니다.
· 뜻풀이 : 고사성어나 단어의 뜻을 제대로 알고 있는가를 묻는 문제입니다.

· 한자쓰기 : 제시된 뜻, 소리, 단어 등에 해당하는 한자를 쓸 수 있는가를 확인하는 문제입니다.
· 필순 : 한획 한 획의 쓰는 순서를 알고 있는가를 묻는 문제입니다. 글자를 바르게 쓰기 위해 필요합니다.

· 8급 출제 유형 : 독음24 훈음24 필순2

＊ 출제 기준은 기본지침으로서 출제자의 의도에 따라 차이가 있을 수 있습니다.

합격 기준표

구분	특급·특급II	1급	2급·3급·3급II	4급·4급·5급·5급II	6급	6급II	7급	7급II	8급
출제 문항수	200		150	100	90	80	70	60	50
합격 문항수	160		105	70	63	56	49	42	35
시험시간	100분	90분	60분	50분					

∴ 급수는 어떻게 나뉘나요?

8급부터 시작하고 초등학생은 4급을 목표로, 중고등학생은 3급을 목표로 두면 적당합니다.

급수	읽기	쓰기	수준 및 특성 배정한자
특급	5,978	3,500	국한혼용 고전을 불편 없이 읽고, 연구할 수 있는 수준 고급
특급II	4,918	2,355	국한혼용 고전을 불편 없이 읽고, 연구할 수 있는 수준 중급
1급	3,500	2,005	국한혼용 고전을 불편 없이 읽고, 연구할 수 있는 수준 초급
2급	2,355	1,817	상용한자를 활용하는 것은 물론 인명지명용 기초한자 활용 단계
3급	1,817	1,000	고급 상용한자 활용의 중급 단계
3급II	1,500	750	고급 상용한자 활용의 초급 단계
4급	1,000	500	중급 상용한자 활용의 고급 단계
4급 II	750	400	중급 상용한자 활용의 중급 단계
5급	500	300	중급 상용한자 활용의 초급 단계
5급 II	400	225	중급 상용한자 활용의 초급 단계
6급	300	150	기초 상용한자 활용의 고급 단계
6급 II	225	50	기초 상용한자 활용의 중급 단계
7급	150	-	기초 상용한자 활용의 초급 단계
7급 II	100	-	기초 상용한자 활용의 초급 단계
8급	50	-	한자 학습 동기 부여를 위한 급수

* 상위급수의 배정한자는 하위급수의 한자를 포함하고 있습니다.

∴ 급수를 따면 어떤 점이 좋을까요?

· 우리말은 한자어가 70%를 차지하므로 한자를 이해하면
　개념에 대한 이해가 훨씬 빨라져 학업 능률이 향상됩니다.
· 2005학년부터 수능 선택 과목으로 한문 과목이 채택되었습니다.
· 수많은 대학에서 대학수시모집, 특기자전형지원, 대입면접시 가산
　점을 부여하고 학점이나 졸업인증에도 반영하고 있습니다.
· 언론사, 일반 기업체 인사고과에도 한자 능력을 중시합니다.

다양한 학습 방법으로 기초를 튼튼히!!!

❖ 기본 학습

변화 과정
한자가 그림에서 변화된 과정을 글과 그림으로 쉽게 표현

훈(뜻)과 음(소리)
한자 익히기의 기본인
훈(뜻)과 음(소리)을 알기

한자 유래
재미있는 그림과 함께
한자 유래 알기

쓰기 연습란
20번 반복하는 충분한
쓰기 연습

교과서 단어
해당 한자가 들어 있는
교과서 단어

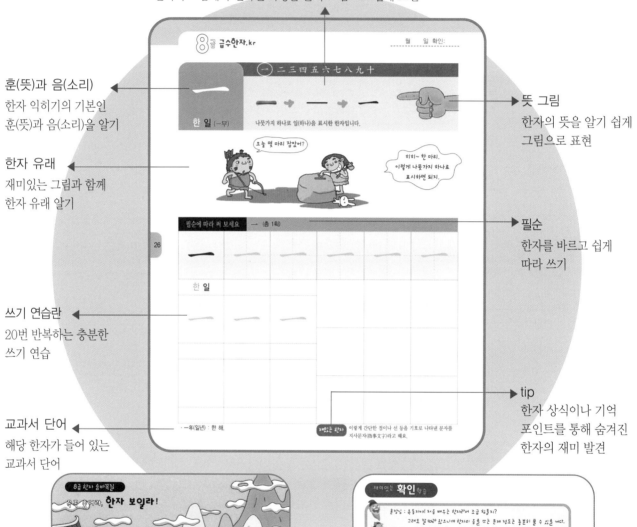

뜻 그림
한자의 뜻을 알기 쉽게
그림으로 표현

필순
한자를 바르고 쉽게
따라 쓰기

tip
한자 상식이나 기억
포인트를 통해 숨겨진
한자의 재미 발견

❖ 한자 숨바꼭질
본격적인 학습에 앞서 그림 안에 숨어 있는 한자를 찾으며, 앞으로 배울 한자를 익힙니다.

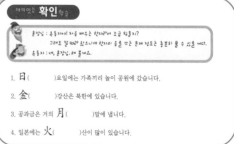

❖ 재미있는 확인 학습
앞서 배운 한자를 훈장님과 옥동자의 재미있는 대화와 함께 두 가지 유형의 문제로 학습해 봅니다.

이 정도 실력이면 급수따기 OK!

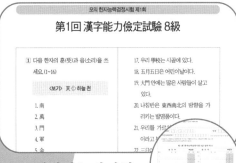

❖ 기출 및 예상 · 실전대비 문제
실제 한자능력시험에 나왔던 문제와 예상문제를 단원이 끝날 때마다 제시하였으며, 단원별 기본 학습이 끝난 후에는 실전대비 총정리 문제로 다시 한번 학습합니다.

❖ 모의한자능력시험
실제 시험과 똑같은 답안지와 함께 제공되어 실제 시험처럼 풀면서 실전 감각을 익힐 수 있습니다.

재미있게 놀며 다시 한번 복습을…

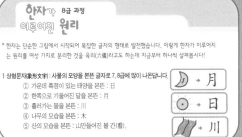

❖ 한자가 이루어진 원리
한자는 그림 문자로 천천히 변화해 왔습니다. 생성 원리를 알고 한자를 공부하면 학습 효과를 높일 수 있습니다.

❖ 만화 사자성어
사자성어를 만화로 쉽게 이해할 수 있게 구성하였습니다. 배운 사자성어를 생활 속에서 적절히 사용해 보세요.

※ 그림 속에 숨어 있는 月 (달 월), 火 (불 화), 水 (물 수), 木 (나무 목), 金 (쇠 금/성 김), 土 (흙 토), 日 (날 일), 小 (작을 소), 白 (흰 백), 山 (뫼 산)을 찾아보세요.

 火 水 木 金 土 日 小 白 山

月
달 월 (月부)

하늘에 떠 있는 초승달을 본뜬 한자입니다.

글쎄? 쩝쩝쩝…

달 월(月)도 모르다니…
우리 주인 맞아?

초승달에 구름이
걸쳐 있는 모습을 보면
생각나는 한자 없니?

필순에 따라 써 보세요	月 月 月 月 (총 4획)				
月	月	月	月	月	月
달 월					
月	月	月			

· 月出(월출) : 달이 뜸.

8급

火
불 화 (火부)

月 火 水 木 金 土 日 小 白 山

불꽃의 모양을 본뜬 한자입니다.

아빠,
불꽃이 참 예뻐요.

이렇게 활활 타오르는
불꽃의 모습을 본뜬 한자가
바로 불 화(火)란다.

필순에 따라 써 보세요	火 火 火 火 (총 4획)				
火	火	火	火	火	火
불 화					
火	火	火			

· 火山(화산) : 땅 속의 마그마가 밖으로 터져 나와 쌓여서 이루어진 산.

재밌는 한자   '화가 난다' 는 말도 실제로 한자에서 온 거예요.
화나면 얼굴 쪽으로 열[火]이 모이잖아요.

月火 ㊌ 木金土日小白山

水
물 수 (水부)

물방울과 물이 흐르는 모습을 본뜬 한자입니다.

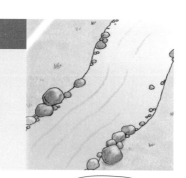

여기는 강물이 여러 갈래로 나뉘어 흘러가는 곳이란다.

물 흐르는 모습이 꼭 물 수(水)를 닮았어요. 야호, 또 한 자 외웠다!

필순에 따라 써 보세요   水 水 水 水 (총 4획)

水

물 수

水 水 水

· 水道(수도) : 음료수 등으로 쓰기 위한 물을 공급하는 시설.

재밌는 한자 月,火,水처럼 사물의 모양을 본뜬 문자들을 상형문자(象形文字)라고 해요.

木

나무 목 (木부)

月火水 木 金土日小白山

나무 모양을 본뜬 한자입니다.

넌 누구니? 생긴 건 나랑 비슷한 것 같은데…

쌍둥이인가 봐.

내 이름이 바로 나무 목(木) 이야. 나무의 가지와 몸통, 뿌리를 본뜬 한자란다.

필순에 따라 써 보세요   木 木 木 木 (총 4획)

木	木	木	木	木	木
나무 목					
木	木	木			

· 木工(목공) : 나무를 다루어 물건을 만드는 일.

재밌는 한자 나무(木)가 둘이면 수풀 림(林), 나무가 셋이면 나무 빽빽할 삼(森)이에요.

月火水木 金 土日小白山

金

쇠 금, 성 김 (金부)

쇳물을 부어 도구를 만드는 거푸집 모양을 본뜬 한자입니다.

성이 김씨네. 네 성을 한자로 쓸 수 있니?

물론이지. 빛나는 황금[丷]이 흙 속에 묻혀[人]있다고 생각하면 쉬워. 아주 비싼 성이지?

필순에 따라 써 보세요	金金金金金金金金 (총 8획)

金 金 金 金 金 金

쇠 금

金 金 金

· 白金(백금) : 은백색의 귀금속.

· 金冠(금관) : 금으로 만든 관.

재밌는 한자 이름 앞에 성(姓)으로 읽을 때는 '김' 이라고 해요.
'金南一'은 '금남일' 이 아니고 '김남일' !

月火水木金 土 日小白山

土
흙 토 (土부)

땅 위에 새싹이 돋아나는 모습을 본뜬 한자입니다.

봄이 되니까 새싹이 돋았네!

참 예쁘다. 이렇게 땅 위에 새싹이 돋은 모양을 보고 만든 한자가 바로 흙 토(土)야.

필순에 따라 써 보세요	一 十 土 (총 3획)

13

土	土	土	土	土	土

흙 토

土	土	土		

· 土木(토목) : 목재나 철재 · 토석(土石) 따위를 사용하여 건설하거나 보수, 유지하는 공사.

앗, 조심! 흙 토(土)의 윗부분을 너무 길게 그으면 선비 사(士)가 되니까 확실히 짧게 써야 해요.

月火水木金土 ⓔ 小白山

日

날 일 (日부)

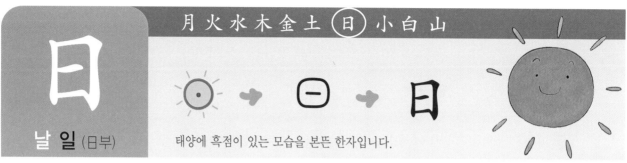

태양에 흑점이 있는 모습을 본뜬 한자입니다.

하늘에 떠 있는 해님에 점 하나를 찍어 봐. 어때, 날 일(日)과 닮았지?

와, 옛날 사람들 정말 똑똑했네요. 뭐 나만큼은 아니지만요…

헤헤헤—

필순에 따라 써 보세요	日日月日 (총 4획)

· 生日(생일) : 태어난 날.

앗, 조심! 해님을 너무 넓적하게 그리면 공자 왈~ 맹자 왈~할 때 쓰는 '가로 왈' (曰)이 되니 조심해야 되요.

月 火 水 木 金 土 日 (小) 白 山

小
작을 소 (小 부)

小 → 小 → 小

여러 개의 작은 알갱이 모양을 본뜬 한자입니다.

오늘은 어떤 한자를 배웠니?

바로 이거예요, 엄마.
오이를 칼로 잘라 작아진
모양과 똑같은 작을 소(小)!
원래는 아주 작은 알갱이
모양을 본뜬 한자지만요…

필순에 따라 써 보세요	小 小 小 (총 3획)

小

작을 소

· 小人國(소인국) : 난쟁이들만 살고 있다는 상상의 나라.   상대·반의어   小(작을 소) ↔ 大(큰 대)

月火水木金土日小 白 山

白

흰 백 (白부)

초의 불꽃 모양을 본뜬 한자입니다.

생일 축하해. 하얀 눈을 닮은 백설공주처럼 예쁘게 자라거라.

고맙습니다! 그런데 엄마, 촛불을 보니까 흰 백(白)자가 생각나요. 정말 내가 백설공주를 닮아서 그런가?

필순에 따라 써 보세요   白白白白白 (총 5획)

白

흰 백

· 白軍(백군) : 경기에서 양편을 청백(靑白) 또는 홍백(紅白)으로 나눌 때, 흰 빛깔의 상징물을 사용하는 편.

앗, 조심!

'흰 백(白)'에서 점이 없으면 날 일(日), 가로획을 하나 더 그으면 '스스로 자(自)'자가 되니 조심해야 되요.

8급 급수한자.kr

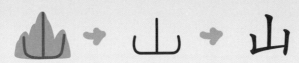

月火水木金土日小白 ⑩

山

뫼 산 (山부)

山 ➡ 山 ➡ 山

세 봉우리가 있는 산의 모습을 본뜬 한자입니다.

야호!
아빠, 저기 산 좀 보세요.
엄마 산, 아빠 산, 아기 산,
꼭 산 가족 같아요.

그래. 가운데 있는 아빠 산이
우뚝 솟은 것이 꼭 뫼 산(山)
자를 닮았구나.

| 필순에 따라 써 보세요 | 山 山 山 (총 3획) |

山	山	山	山	山	山
뫼 산					
山	山	山			

· 山水(산수) : 1. 자연의 경치
　　　　　　 2. 산에서 흘러내리는 물.

훈장님 : 옥동자야! 처음 배우는 한자라서 조금 힘들지?

그래도 잘 따라 왔으니까 한자의 음을 쓰는 문제 정도는 충분히 풀 수 있을 게다.

 옥동자 : 네, 훈장님. 해 볼게요.

1. 日(   )요일에는 가족끼리 놀이 공원에 갔습니다.

2. 金(   )강산은 북한에 있습니다.

3. 공과금은 거의 月(   )말에 냅니다.

4. 일본에는 火(   )산이 많이 있습니다.

5. 지난 土(   )요일, 나는 엄마랑 水(   )영장에 갔습니다.

6. 이 의자는 좋은 木(   )재로 만들었습니다.

7. 우리 고장은 土(   )양이 좋아 과일 나무가 잘 자랍니다.

8. 小(   )인국이 정말 있을까요?

9. 白(   )설공주 만화 영화를 보았습니다.

10. 설악 山(   )에 올라가 일출을 보았습니다.

 훈장님 : 정말 잘했다! 이제 선택형 문제를 풀어 보자.

11. 음이 두 개인 한자는?

　① 金　　② 火　　③ 土　　④ 月

12. 백조(白鳥)는 무슨 색깔일까요?

　① 흰색　　② 검은색　③ 노란색　④ 빨간색

13. 초승달의 모양을 본떠서 만든 한자는?

　① 月　　② 日　　③ 土　　④ 金

14. 불꽃의 모양을 본떠서 만든 한자는?

　① 水　　② 土　　③ 火　　④ 金

15. '물'이란 뜻을 가지고 있으며 '수'라는 음을 가진 한자는?

　① 月　　② 火　　③ 金　　④ 水

16. '소백산'의 정확한 표현은?

　① 少白山　② 小百山　③ 小白山　④ 少日山

17. 땅에서 싹이 나오는 모양을 본뜬 것으로 흙과 관련이 있는 한자는?

　① 金　　② 土　　③ 火　　④ 月

18. 촛불의 모양을 본뜬 것으로 '희다, 밝다'의 뜻을 가진 한자는?

　① 小　　② 火　　③ 金　　④ 白

19. 쇠를 만드는 거푸집 모양을 본뜬 것으로 쇠붙이와 관계 있는 한자는?

　① 金　　② 土　　③ 月　　④ 火

20. 매일 하룻동안 있었던 일이나 생각을 쓰는 '일기'를 한자로 쓰면?

　① 月記　　② 日記　　③ 水記　　④ 木記

훈장님 : 우리 옥동자 멋진데?

옥동자 : 뭘 이 정도 가지고요. 헤헤헤.

1. 다음 한자의 훈(뜻)과 음(소리)을 쓰세요.

1) 月 (　　　　　)　　　　　6) 日 (　　　　　)

2) 小 (　　　　　)　　　　　7) 火 (　　　　　)

3) 金 (　　　　　)　　　　　8) 水 (　　　　　)

4) 白 (　　　　　)　　　　　9) 土 (　　　　　)

5) 木 (　　　　　)　　　　　10) 山 (　　　　　)

2. 다음 훈(뜻)에 알맞은 한자를 보기에서 골라 번호를 쓰세요.

보기
①木　②金　③山　④水　⑤白
⑥月　⑦火　⑧土　⑨日　⑩小

1) 나무 (　　　　　)　　　　　6) 산　(　　　　　)

2) 쇠　(　　　　　)　　　　　7) 불　(　　　　　)

3) 작다 (　　　　　)　　　　　8) 달　(　　　　　)

4) 희다 (　　　　　)　　　　　9) 해　(　　　　　)

5) 물　(　　　　　)　　　　　10) 흙 (　　　　　)

3. 다음 말에 어울리는 한자를 보기에서 골라 번호를 쓰세요.

보기 ①木   ②金   ③山   ④水   ⑤白
      ⑥月   ⑦火   ⑧土   ⑨日   ⑩小

1) 산의 물   (,   )

2) 흰 달   (,   )

3) 작은 산   (,   )

4) 흙 산   (,   )

5) 불을 뿜어내는 산   (,   )

6) 해와 달   (,   )

4. 다음 훈(뜻)과 음(소리)에 알맞은 한자를 쓰세요.

1) 작을 소 (   )

2) 달 월 (   )

3) 쇠 금 (   )

4) 흰 백 (   )

5) 뫼 산 (　　　　)

6) 불 화 (　　　　)

5. 다음 밑줄 친 한자의 알맞은 음(소리)을 보기에서 골라 번호를 쓰세요.

보기	①목	②금	③산	④수	⑤백
	⑥월	⑦화	⑧토	⑨일	⑩소

1) 북한山　(　　　)

2) 방火수　(　　　)

3) 상水도　(　　　)

4) 日간지　(　　　)

5) 金강산　(　　　)

6) 木수　(　　　)

7) 小인국　(　　　)

6. 小 (작을 소)에서 화살표가 있는 획은 몇 번째로 쓰나요?

山戰水戰 (산전수전)

산에서의 싸움과 물에서의 싸움이라는 뜻으로 세상의 온갖
어려운 일을 겪은 상황을 말합니다.

내가 이번 소풍에서 산전수전 다 겪었다는 거 아니냐.

무슨 소리야?

모르냐?
장기자랑에서 1등 했지,
닭싸움도 1등 했지…

특히 2미터 높이의 나무에서 보물을 찾았을 때는…

흠—

심봤다!

어, 어 ……

아무튼 산전수전 겪느라 고생했다. 몸조리 잘 해라.

아, 아파.

통— 통—

❖ 山:뫼 산, 戰:싸움 전,
　　水:물 수, 戰:싸움 전

엄마　아빠

하늘

보람

하늘이와 보람이는
이란성 쌍둥이

23

※ 그림 속에 숨어 있는 一 (한 일), 二 (두 이), 三 (석 삼), 四 (넉 사),
五 (다섯 오), 六 (여섯 육), 七 (일곱 칠), 八 (여덟 팔), 九 (아홉 구),
十 (열 십)을 찾아보세요.

一 二三四五六七八九十

한 일 (一부)

나뭇가지 하나로 일(하나)을 표시한 한자입니다.

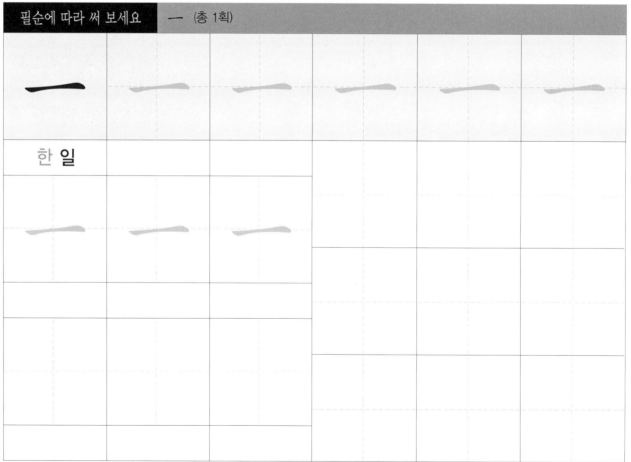

오늘 몇 마리 잡았어?

히히~ 한 마리.
이렇게 나뭇가지 하나로
표시하면 되지.

필순에 따라 써 보세요	一 (총 1획)

一

한 일

· 一年(일년) : 한 해.

재밌는 한자 이렇게 간단한 점이나 선 등을 기호로 나타낸 문자를
지사문자(指事文字)라고 해요.

26

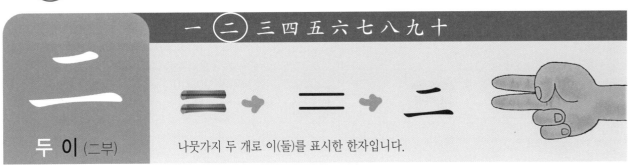

二

두 이 (二부)

나뭇가지 두 개로 이(둘)를 표시한 한자입니다.

말풍선: 몇 마리 잡았게?

말풍선: 나뭇가지가 두 개인 걸 보니 오늘은 두 마리 잡았구나.

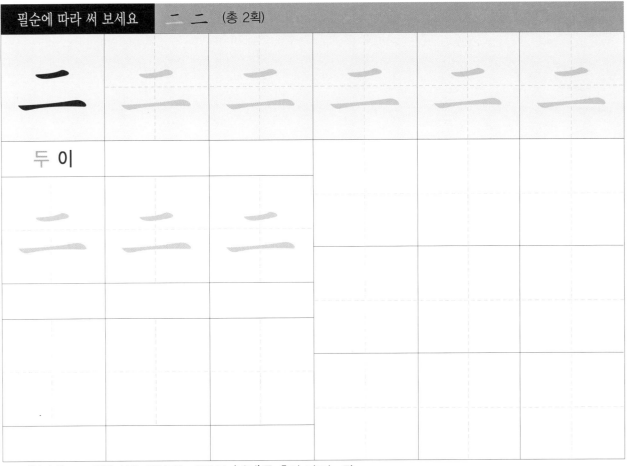

필순에 따라 써 보세요	二 二 (총 2획)

· 二世(이세) : 1. 뒤를 이을 아이라는 뜻으로 '자녀'를 흔히 이르는 말.
　　　　　　 2. 외국에 이주해 가서 낳은 자녀로서 그 나라의 시민권을 가진 사람.

一 二 ③ 四 五 六 七 八 九 十

三

석 삼 (一부)

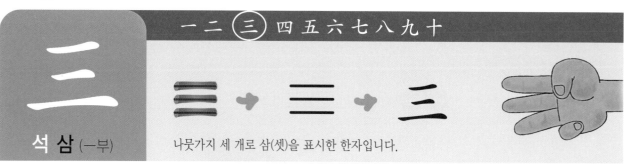

나뭇가지 세 개로 삼(셋)을 표시한 한자입니다.

오늘은 멧돼지 한 마리,
토끼 두 마리.
그러니까 하나, 둘, 셋.
나뭇가지가 세 개!

필순에 따라 써 보세요   三 三 三 (총 3획)

三

석 삼

· 三寸(삼촌) : 아버지의 형제.

28

一 二 三 ⓵ 五 六 七 八 九 十

四

넉 사 (口부)

코에서 나는 숨소리와 발음이 비슷해서 그 모양까지 빌려 쓴 한자입니다.

아휴, 추워. 너무 추우니까 코에서도 김이 나오네.

하하하. 네 코에서 김 나오는 모습이 정말 넉 사(四)자를 닮았다!

필순에 따라 써 보세요	四 冂 四 四 四 (총 5획)				
四	四	四	四	四	四
넉 사					
四	四	四			

· 四寸(사촌) : 아버지 형제의 아들 · 딸.

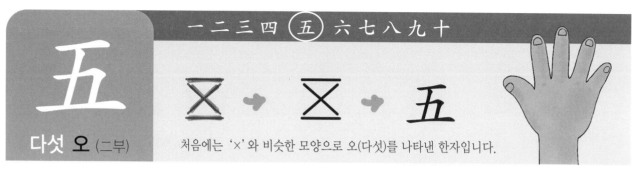

一 二 三 四 五 六 七 八 九 十

五

다섯 오 (二부)

처음에는 'X'와 비슷한 모양으로 오(다섯)를 나타낸 한자입니다.

다섯 오(五)를 자꾸 잊어버려. 어쩌지?

가로획 세 개, 세로획 두 개. 3+2=5 어때, 기억하기 쉽지? 하지만 총획수는 4획이라는 거 잊으면 안 돼!

필순에 따라 써 보세요   五 五 五 五 (총 4획)

五	五	五	五	五	五
다섯 오					
五	五	五			

· 五色(오색) : 파랑 · 노랑 · 빨강 · 하양 · 검정의 다섯 가지 빛깔. 오채(五彩)

월   일 확인:

一 二 三 四 五 ⑥ 七 八 九 十

六

여섯 육 (八부)

뾰족한 지붕 모습을 본뜬 한자로 육(여섯)을 나타낸 한자입니다.

옛날에는 '六'이 지붕과 벽이 있는 집 모양을 닮은 한자였네?

응. 그런데 발음이 비슷해서 여섯 육으로 빌려 쓰게 됐대.

필순에 따라 써 보세요   六 六 六 六 (총 4획)

六

六 六 六 六 六

여섯 육

六 六 六

31

· 六感(육감) : 오관(五官)으로는 느낄 수 없다고 생각되는 감각. 사물의 신비한 점이나 깊은 본질을 직감적으로 포착하는 마음의 기능 따위.

앗, 조심! '六月'은 '유월'로 읽어요. 그럼 '六月六日'은? '유월육일'이라고 읽어야 해요.

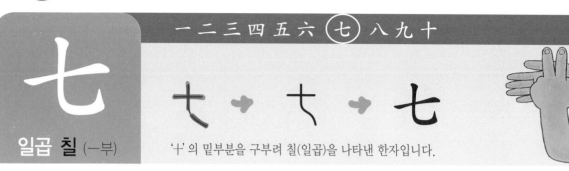

一二三四五六 ⑦ 八九十

七

일곱 칠 (一부)

七 ➡ 七 ➡ 七

'十'의 밑부분을 구부려 칠(일곱)을 나타낸 한자입니다.

이게 어떻게 '칠(七)'이니? 잘 봐. 분명히 십(十)이잖아.

옛날에는 그렇게 썼는데, 십(十)자랑 헷갈려서 꼬리를 약간 구부려 칠(七)자로 만들었대.

필순에 따라 써 보세요	七七 (총 2획)

七 七 七 七 七 七

일곱 칠

七 七 七

· 七夕(칠석) : 음력 7월 7일 밤, 견우와 직녀가 1년에 한 번 오작교에서 만나는 날.

八급

一 二 三 四 五 六 七 (八) 九 十

八

여덟 팔 (八 부)

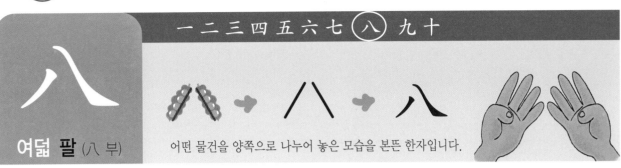

어떤 물건을 양쪽으로 나누어 놓은 모습을 본뜬 한자입니다.

에헴~
얘야, 뭐하니?

할아버지 수염 모양처럼
돌멩이를 놓아 보는 거예요.
꼭 팔(八)자를 닮았죠?

필순에 따라 써 보세요   八 八 (총 2획)

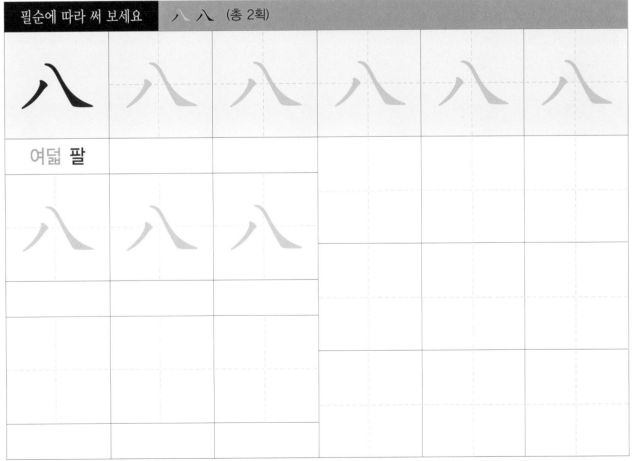

여덟 팔

33

·八道(팔도) : 1. 조선 시대 여덟 개의 행정 구역. 경기도 · 충청도 · 경상도 · 전라도 · 강원도 · 황해도 · 평안도 · 함경도.
    2. 우리 나라의 '전국(全國)'을 달리 이르는 말.

一二三四五六七八 ⑨ 十

九 ➜ 九 ➜ 九

아홉 구 (乙부)

팔꿈치의 구부러진 모습을 본뜬 한자입니다.

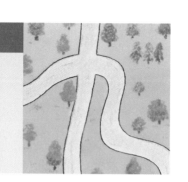

나 팔 다쳐서 서당에 못 가!

나두.

어머, 조심하지. 근데 그렇게 팔을 구부리고 있으니까 꼭 구(九)자 같다.

필순에 따라 써 보세요	九 九 (총 2획)				
九	九	九	九	九	九
아홉 구					
九	九	九			

· 九死一生(구사일생) : 여러 차례 죽을 고비를 겪고 겨우 살아남.

一二三四五六七八九 ⑩

十

열 십 (十부)

바늘 가운데에 점을 찍은 모양을 본뜬 한자입니다.

오늘은 물고기를
열 마리나 잡았는데
어떻게 표시하지?
나뭇가지 열 개를 쭉
늘어놓을 수도 없고…

아휴, 이 바보.
나뭇가지를 교차해서
십(十)으로 표시하면 되잖아.
나 너무 똑똑하지?

필순에 따라 써 보세요	十 十 (총 2획)				
十	十	十	十	十	十
열 십					
十	十	十			

· 十中八九(십중팔구) : 열 가운데 여덟이나 아홉이 그
러하다는 뜻으로 거의 예외 없이 그러할 것이라는
추측을 나타내는 말.

재밌는 한자 중국에서는 두 손의 검지를 X자로 교차하면 '열'을 뜻하
는 것인데, 이스라엘에서 검지를 교차하는 것은 '반' 이라
는 뜻이에요.

훈장님 : 옥동자야! 우리 앞에서 배운 10자를 다시 기억해 볼까?

문제를 잘 읽고 한자의 음을 써 보아라. 할 수 있지?

옥동자 : 네, 훈장님. 문제 없어요.

1. 올해 초등학교 一(　　　　)학년에 입학했습니다.

2. 우리 집은 三(　　　　)층에 있습니다.

3. 밤하늘에 북두七(　　　　)성이 빛나고 있습니다.

4. 四(　　　　)더하기 六(　　　　)은 十(　　　　)입니다.

5. 꼬리가 아홉 달린 九(　　　　)미호가 꿈에 나타났습니다.

6. 五(　　　　)월 八(　　　　)일은 어버이 날입니다.

7. 저 농구 선수는 키가 二(　　　　)미터가 넘습니다.

8. 적군들이 四(　　　　)방에서 쳐들어 옵니다.

9. 七(　　　　)더하기 二(　　　　)는 九(　　　　)입니다.

10. 우리 형은 六(　　　　)학년입니다.

훈장님 : 이제 조금 더 생각하면서 풀어야 하는 문제들이란다. 옥동자, 화이팅!

11. 다음 한자 중 숫자가 아닌 것은?

① 一   ② 二   ③ 日   ④ 三

12. 十과 비슷한 모양으로 아래가 꼬부라져 '일곱' 이란 뜻을 가진 한자는?

① 三   ② 六   ③ 七   ④ 八

13. 가로획(一)과 세로획(ㅣ)이 합쳐져 '열' 이라는 뜻을 가진 한자는?

① 九   ② 一   ③ 十   ④ 四

14. 구부린 팔꿈치의 모습을 본뜬 한자는?

① 三   ② 四   ③ 八   ④ 九

15. 一, 二, 三, 四 중 가장 작은 수는? (   )

16. '여섯' 을 한자로 쓰면?

① 九   ② 十   ③ 五   ④ 六

17. '구구단' 의 '구구' 를 한자로 쓰면?

① 四四   ② 九九   ③ 六六   ④ 五五

18. 다음 한자는 어떻게 읽을까요?

四 (   )

19. (   ) 안에 들어가야 할 한자를 골라 보세요.

우리 삼촌(   )은 장난치는 것을 좋아해요.

① 三寸   ② 二寸   ③ 九寸   ④ 五寸

20. 3 + 2의 답을 한자로 쓰면?

① 三   ② 四   ③ 五   ④ 六

 옥동자 : 훈장님 다 했어요. 별거 아닌데요.

 훈장님 : 우리 옥동자 정말 잘했다! 8급은 문제 없겠는걸.

1. 다음 한자의 훈(뜻)과 음(소리)을 쓰세요.

1) 二 (   )   6) 一 (   )

2) 四 (   )   7) 七 (   )

3) 六 (   )   8) 五 (   )

4) 九 (   )   9) 三 (   )

5) 十 (   )   10) 八 (   )

2. 다음 한자어의 독음을 쓰세요.

1) 十六 (   )

2) 八十二 (   )

3) 十一 (   )

4) 四十五 (   )

5) 二十 (   )

6) 十五 (   )

7) 三十七 (   )

8) 金九 (　　　　　)

9) 火山 (　　　　　)

10) 六月八日 (　　　　　)

3. 다음 문제에 알맞은 답을 한자로 쓰세요.

1) 二 + 三 = (　　　　　)

2) 六 + 五 = (　　　　　)

3) 十 − 一 = (　　　　　)

4) 六 + 二 = (　　　　　)

5) 八 − 一 = (　　　　　)

4. 다음 문제의 답보다 1이 더 큰 수를 보기에서 골라 번호를 쓰세요.

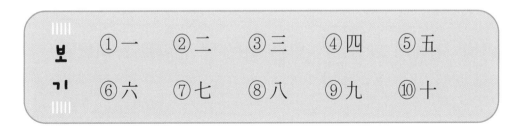

보기　①一　　②二　　③三　　④四　　⑤五
　　　⑥六　　⑦七　　⑧八　　⑨九　　⑩十

　　　1) 二 + 三 = (　　　　)

　　　2) 四 + 五 = (　　　　)

　　　3) 三 + 四 = (　　　　)

　　　4) 六 + 二 = (　　　　)

　　　5) 五 + 一 = (　　　　)

5. 다음 수보다 1이 더 작은 수를 한자로 쓰세요.

　　　1) 十 (　　　　)　　　　　5) 六 (　　　　)

　　　2) 九 (　　　　)　　　　　6) 五 (　　　　)

　　　3) 八 (　　　　)　　　　　7) 四 (　　　　)

　　　4) 七 (　　　　)　　　　　8) 三 (　　　　)

6. 四 (넉 사)에서 화살표가 있는 획은 몇 번째로 쓰나요?

만화로 읽는 사자성어

一口二言 (일구이언)

한 입으로 두 말을 한다는 뜻으로 말을 이랬다 저랬다 함을 말합니다.

❖ 一:한 일, 口:입 구, 二:두 이, 言:말씀 언

※ 그림 속에 숨어 있는 東 (동녘 동), 西 (서녘 서), 南 (남녘 남), 北 (북녘 북), 大 (큰 대), 韓 (나라 한), 民 (백성 민), 國 (나라 국), 女 (계집 녀), 軍 (군사 군)을 찾아보세요.

東
동녘 동 (木부)

나무에 해가 뜨는 모습을 본뜬 한자입니다.

밤새 걸었더니 힘이 드네. 우리 좀 쉬자구.

그래. 나무에 가려서 잘 보이지는 않지만 동쪽에서는 벌써 해가 뜨는군.

필순에 따라 써 보세요 東東東東東車東東 (총 8획)

東	東	東	東	東	東

동녘 동

東	東	東			

· 東海(동해) : 동쪽 바다.

44

西南北大韓民國女軍

東 西 南 北 大 韓 民 國 女 軍

西

서녘 서 (襾부)

새가 둥지에 앉아 있는 모습을 본뜬 한자입니다.

와, 새가 둥지로
돌아왔어.

그것 봐. 서쪽으로 해가 질
무렵이면 새도 집으로 돌아온
다구. 누구처럼 엄마가
불러야 오지는 않지. 헤헤헤~

나두 이제 집에
가야지.

| 필순에 따라 써 보세요 | 西 西 西 西 西 西 (총 6획) |

45

西	西	西	西	西	西

서녘 서

西	西	西

西海(서해) : 서쪽 바다.

기억나요? '四(넉 사)'와 '西(서녘 서)'는 비슷하게 생겼지만 어원이
전혀 다른 한자예요.

南
남녘 남 (十부)

 東西 南 北大韓民國女軍

남쪽 지방의 종 모양 악기를 본뜬 한자입니다.

이게 무슨 종이니?
왜 자꾸 치는 거야?

딩동댕!
종 모양의 악기를
본뜬 한자가 바로
남녘 남(南)이거든.

| 필순에 따라 써 보세요 | 南 南 南 南 南 南 南 南 南 (총 9획) |

南	南	南	南	南
남녘 남				
南	南	南		

· 南韓(남한) : 휴전선 남쪽인 한국.

상대 · 반의어 南(남녘 남) ↔ 北(북녘 북)

東西南(北)大韓民國女軍

北

북녘 북, 달아날 배(匕부)

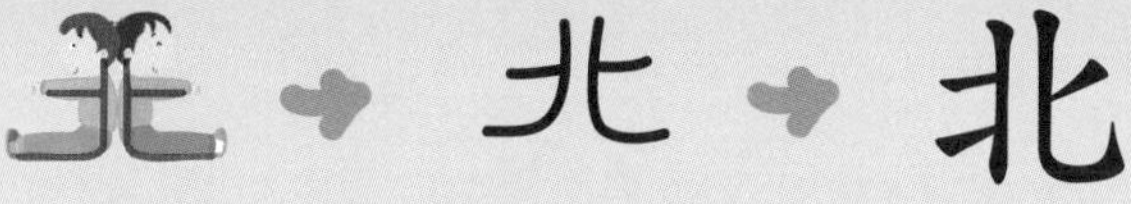

두 사람이 등을 맞대고 있는 모습을 본뜬 한자입니다.

덜덜덜~
북(北)쪽이라 그런지
너무 춥다.
우리 등을 맞대고 앉아 보자.
그럼 훨씬 따뜻할 거야.
뭐가 춥다고
난리야.

필순에 따라 써 보세요 北 北 北 北 北 (총 5획)

北 北 北 北 北 北

북녘 **북**

北 北 北

· 北韓(북한) : 휴전선 북쪽을 말함.

상대·반의어 北(북녘 북) ↔ 南(남녘 남)

大
큰 대 (大部)

東西南北 大 韓民國女軍

사람이 팔을 크게 벌리고 있는 모습을 본뜬 한자입니다.

이놈!
이렇게 팔을 크게
벌리고 서 있으니까
무섭지?

글쎄…
큰 대(大)자를 닮기는 했어도
별로 무섭지는 않은데.
어흥~

필순에 따라 써 보세요	大大大 (총 3획)

48

大	大	大	大	大	大
큰 대					
大	大	大			

· 大小(대소) : 크고 작음. 큰 것과 작은 것.

상대·반의어 큰 대(大) ↔ 작을 소(小)

東西南北大 (韓) 民國女軍

韓
나라 한 (韋부)

卓 + 韋 = 韓

떠오르는 해가 나라를 에워싸고 있다는 뜻을 나타냅니다.

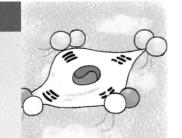

나라 한(韓)은 발음을 결정한 간(卓)과 뜻을 결정한 위(韋)가 합쳐져서 만들어진 한자래.

간(卓)과 위(韋)도 우리처럼 함께 있어야 멋진 모습이 되는구나.

대한민국! 짝짝짝 짝짝!

| 필순에 따라 써 보세요 | 一 韋 韋 査 杳 直 直 卓 卓 卓 韓 韓 韓 韓 韓 韓 韓 (총 17획) |

49

韓	韓	韓	韓	韓	韓
나라 **한**					
韓	韓	韓			

· 韓國(한국) : 대한민국의 준말.

재밌는 한자 뜻 부분과 음 부분으로 이루어진 한자를 '형성문자(形聲文字)'라고 해요.

民
백성 민 (氏부)

東西南北大韓 民 國女軍

눈 아래 창을 대고 있는 모습을 본뜬 한자입니다.

너 왜 울고 있어?

옛날에는 전쟁에서 진 백성들의 눈을 찔러 불구로 만든 다음 노예로 삼았대. 불쌍하지? 이게 바로 백성 민(民)자의 슬픈 유래란다.

| 필순에 따라 써 보세요 | 民民民民民 (총 5획) |

백성 민

· 民主(민주) : 주권이 국민에게 있음.

國

나라 **국** (口부)

 →  →

창을 들고 어떤 지역을 지키는 모습을 본뜬 한자입니다.

혹시 적군이 우리 나라로 쳐들어올지 모르니 잘 지켜야 해.

알았어. 우리가 이렇게 창을 들고 지키고 있는데 감히 누가 쳐들어오겠어? 걱정하지 말라고.

필순에 따라 써 보세요   國 國 國 回 回 回 回 國 國 國 國 (총 11획)

國	國	國	國	國	國
나라 **국**					
國	國	國			

· 國民(국민) : 한 나라의 통치권 아래에 결합하여 국가를 구
성하고 있는 사람. 그 나라의 국적을 가지고 있는 사람.

東西南北大韓民國 女 軍

女
계집 녀 (女부)

여자가 손을 나란히 모으고 있는 모습을 본뜬 한자입니다.

이렇게 손을 모으고 앉아 있으니까 나도 얌전해 보이지?

그 모습을 본뜬 한자가 바로 계집 녀(女)야. 너랑은 절대 어울리지 않지만 말이야.

| 필순에 따라 써 보세요 | 女 女 女 (총 3획) |

女	女	女	女	女	女
계집 녀					
女	女	女			

· 女王(여왕) : 여자 임금.

軍

군사 군 (車부)

수레가 덮여 있는 모습을 본뜬 한자입니다.

아휴, 힘들어. 뭐가 실렸길래 이렇게 무거운 거야?

글쎄, 수레가 이렇게 덮여 있으니 알 수가 있어야지.

| 필순에 따라 써 보세요 | 軍軍軍軍冒冒冒冒軍 (총 9획) |

53

軍	軍	軍	軍	軍	軍
군사 **군**					
軍	軍	軍			

· 軍人(군인) : 육해공군의 장교 · 부사관 · 병졸을 통틀
어 일컫는 말.

훈장님 : 오늘 새로운 한자 10자를 배웠지? 잊어버리지 않도록 복습을 해 보자.

음을 써 보거라.

옥동자 : 네, 훈장님. 이번에도 다 맞힐 거예요.

1. 東(   )대문은 우리 나라의 보물입니다.

2. 해는 東(   )쪽에서 뜨고 西(   )쪽으로 집니다.

3. 우리 나라는 南韓(   )과 北韓(   )으로

　나뉘어져 있습니다.

4. 우리 엄마는 大(   )학교 교수입니다.

5. 김치는 韓國(   )을 대표하는 음식입니다.

6. 투표권을 가진 國民(   )이면 모두 투표를 할 수 있습니다.

7. 西(   )양 문화에도 배울점이 많이 있습니다.

8. 어른이 되면 훌륭한 女軍(   )이 되고 싶습니다.

9. 봄이 되면 강南(   )갔던 제비가 돌아옵니다.

10. 우리 반은 女(   )자 아이가 더 많습니다.

훈장님 : 실력이 쑥쑥 느는 걸! 선택형 문제는 이제 더 쉽지?

11. 해가 떠오르는 곳은?

　① 東　　② 西　　③ 南　　④ 北

12. 날씨가 추워서 사람이 등을 맞대고 있는 모습의 한자는?

　① 東　　② 西　　③ 南　　④ 北

13. 우리 나라의 명칭은?

　① 美國　　② 日本　　③ 韓國　　④ 中國

14. 팔을 크게 벌리고 있는 모양으로 '크다' 는 뜻을 가진 한자는?

　① 小　　② 大　　③ 人　　④ 南

15. 나라를 지키는 사람을 부르는 말은?

　① 軍人　　② 東西　　③ 南北　　④ 韓國

16. '작다' 는 뜻과 반대되는 한자는?

　① 南　　② 北　　③ 大　　④ 軍

17. 여러 개의 산봉우리 모양을 본뜬 한자는?

　① 東　　② 西　　③ 山　　④ 白

18. 남자 남(男)의 반대말은?

　① 女　　② 小　　③ 白　　④ 山

19. 다음 중 색깔과 관련이 있는 한자는?

　① 女　　② 山　　③ 白　　④ 小

20. 나무 목(木)과 날 일(日)이 합쳐진 한자는?

　① 南　　② 白　　③ 小　　④ 東

 훈장님 : 벌써 30자나 배웠구나. 조금만 더 노력할 수 있겠지?

 옥동자 : 네, 훈장님. 한자가 점점 재미있어지는 걸요.

55

1. 다음 한자의 훈(뜻)과 음(소리)을 쓰세요

1) 軍 （　　　　　　　）　　　6) 東 （　　　　　　　）

2) 民 （　　　　　　　）　　　7) 韓 （　　　　　　　）

3) 西 （　　　　　　　）　　　8) 國 （　　　　　　　）

4) 女 （　　　　　　　）　　　9) 北 （　　　　　　　）

5) 南 （　　　　　　　）　　　10) 大 （　　　　　　　）

2. 다음 한자어의 독음을 쓰세요.

1) 女軍 （　　　　　　　）　　6) 南山 （　　　　　　　）

2) 三國 （　　　　　　　）　　7) 北韓 （　　　　　　　）

3) 國民 （　　　　　　　）　　8) 南北 （　　　　　　　）

4) 東西 （　　　　　　　）　　9) 大國 （　　　　　　　）

5) 韓國 （　　　　　　　）　　10) 大小 （　　　　　　　）

3. 다음 문제에 알맞은 한자를 보기에서 골라 번호를 쓰세요.

보기					
	① 大	② 韓	③ 民	④ 國	⑤ 小
	⑥ 白	⑦ 女	⑧ 金	⑨ 土	⑩ 日
	⑪ 東	⑫ 西	⑬ 南	⑭ 北	⑮ 軍 ⑯ 水

1) '크다'는 뜻의 '大'와 반대 되는 한자는? (   )

2) '나라의 땅'이란 뜻을 가진 한자는?(,   )

3) '동쪽'이란 뜻을 가진 '東'의 반대쪽에 해당하는 한자는? (   )

4) '북쪽'이란 뜻을 가진 '北'의 반대쪽에 해당하는 한자는? (   )

5) '여자 군인'이란 뜻을 가진 한자는? (,   )

6) 방향을 가리키는 한자는? (,   ,   ,   )

7) '요일'에 해당하는 한자는? (,   ,   ,   )

8) 우리 나라의 이름에 해당하는 한자는? (,   ,   ,   )

4. 다음 빈 칸에 알맞은 한자를 위의 보기에서 골라 번호를 쓰세요.

1) 나는 날마다 저녁이면 일기(記)를 쓴다.

2) 우리 나라는 민주주의 국가(家)이다.

3) 나는 운동을 한 후에 항상 물(　　　)을 마신다.

4) 우리 식구는 일요일(　　曜日)에 항상 아빠와 축구를 한다.

5) 해는 동(　　　)쪽에서 뜬다.

6) 해는 서(　　　)쪽으로 진다.

7) 우리 반에는 남학생보다 여학생(　　學生)이 많다.

8) 우리 엄마는 아직도 내가 돌 때 받은 금반지(　　斑指)를 보관하고 있다.

9) 북한(　　韓) 사람도 우리와 같은 민족이다.

10) 흙(　　　)에서 나는 모든 곡식은 소중하다.

11) 제주도는 우리 나라 남(　　　)쪽에 있는 가장 큰 섬이다.

12) 키가 작다(　　　)고 해서 운동을 못하는 것은 아니다.

5. **女**(계집 녀)에서 화살표가 있는 획은 몇 번째로 쓰나요?

東問西答 (동문서답)

동쪽을 물으면 서쪽을 답한다는 뜻으로 묻는 말에 당치도 않은 엉뚱한 대답을 하는 것을 말합니다.

앗!

안 돼!!

하늘아, 집에 안 가?

으흐흑ㅡ 500원이 갔어.

500원이 가다니? 왠 동문서답이야.

어서들 와라. 간식 먹을래?

엉엉엉~, 엄마! 하수구가 500원을 먹었어요.

김하늘 오늘 하루종일 동문서답만 하는구나.

❖ 東:동녘 동, 問:물을 문, 西:서녘 서, 答:대답 답

시끌벅적 우리 집

※ 그림 속에 숨어 있는 父 (아비 부), 母 (어미 모), 兄 (형 형), 弟 (아우 제), 外 (바깥 외), 寸 (마디 촌), 萬 (일만 만), 人 (사람 인), 靑 (푸를 청), 年 (해 년)을 찾아보세요.

 父母兄弟外寸萬人靑年

父

아비 부 (父부)

 → → 父

손에 어떤 물건을 들고 있는 모습을 본뜬 한자입니다.

아빠, 손에 아령까지 들고 뭐 하시는 거예요?

행복한 우리 집을 지키기 위해 열심히 운동하는 거란다. 아빠 팔에 알통 보이지?

필순에 따라 써 보세요 父父父父 (총 4획)

父	父	父	父	父	父
아비 부					
父	父	父			

· 父母(부모) : 아버지와 어머니.

상대·반의어 父(아비 부) ↔ 母(어미 모)

어미 모 (母부)

가슴에 두 점을 찍어 젖을 먹이는 어머니의 모습을 본뜬 한자입니다.

너 어미 모(母)가 어떻게 만들어졌는지 알아?

물론이지. 가슴에 두 점을 표시해서 젖먹이는 엄마의 모습을 그린 거야.

63

필순에 따라 써 보세요   ㄴ 丹 母 母 母 (총 5획)

母	母	母	母	母	母
어미 모					
母	母	母			

· 모녀(母女) : 어머니와 딸.

8급

兄

형 형 (儿부)

父母 兄 弟外寸萬人青年

먼저 걷고, 말했다는 뜻에서 형을 나타내는 한자입니다.

형 혼자만 그렇게
다 먹으면 어떡해?

아우야, 형 형(兄)자를 보렴.
입[口]이 크게 그려져 있지?
형이 많이 먹고 빨리 커야 아우를
바른 길로 인도하지.
그런 의미에서 마지막 것도
내가 꿀꺽!

필순에 따라 써 보세요　兄兄兄兄兄 (총 5획)

兄

형 형

· 兄弟(형제) : 형과 아우.

재밌는 한자　형(兄)의 다리는 걷는 모습처럼 길게 구부려야 해요.
숏다리로 그리면 '다만 지(只)'가 되거든요.

64

父母兄 弟 外寸萬人青年

弟
아우 제 (弓부)

막대기에 차례대로 줄을 감아올리는 모습을 본뜬 한자입니다.

 쉬워 보이는데 생각처럼 잘 안 되네.

 아우야, 새끼줄을 매는 것도 다 순서가 있는 법이란다.

필순에 따라 써 보세요　弟弟弟弟弟弟弟 (총 7획)

弟

아우 제

弟　弟　弟

· 弟子(제자) : 스승의 가르침을 받거나 받은 사람.

상대·반의어　弟(아우 제) ↔ 兄(형 형)

父母兄弟 外 寸萬人青年

저녁 석(夕)과 점 복(卜)이 합쳐진 한자입니다.

外
바깥 외 (夕부)

우리 아이가 한자 시험에서 8급을 딸 수 있을까요? 잘 좀 봐 주세요.

저녁에 점을 치면 안 되는데. 오늘도 규칙에 벗어나는 일을 하는군. 하느님, 신령님, 부처님…

필순에 따라 써 보세요   外 夕 夕 外 外 (총 5획)

外	外	外	外	外	外
바깥 외					
外	外	外			

· 外國(외국) : 자기 나라 이외의 '다른 나라'.

66

寸

마디 촌 (寸부)

엄지손가락으로 맥을 짚는 모습을 본뜬 한자입니다.

어디, 우리 얼짱 조카 맥 좀 짚어 볼까? 몸이 아픈지, 마음이 아픈지… 음~ 너, 짝꿍 좋아하는구나.

어떻게 알았어요? 삼촌(三寸) 엄지손가락은 요술봉인가 봐요.

필순에 따라 써 보세요	寸寸寸 (총 3획)

寸

마디 촌

· 外三寸(외삼촌) : 어머니의 남자 형제. 외숙. 외숙부.

萬
일만 만 (⺾부)

父母兄弟外寸 萬 人青年

벌레 모양을 본뜬 한자입니다.

전갈은 다리가 참 많네!

응, 이 모습을 본뜬 한자가 일만 만(萬)이래. 만(萬)자의 위가 더듬이, 가운데가 몸통, 아래가 다리와 꼬리. 참, 재밌지?

필순에 따라 써 보세요	萬萬萬萬萬莒萬莒莒莒萬萬萬 (총 13획)

萬 | 萬 | 萬 | 萬 | 萬 | 萬

일만 만

萬 | 萬 | 萬

· 萬人(만인) : 아주 많은 사람. 모든 사람.

재밌는 한자 萬人처럼 '만(萬)'은 '많은' 또는 '모든' 이라는 뜻으로도 쓰여요.

人

사람 인 (人부)

 父母兄弟外寸萬 人 青年

사람이 옆으로 서서 팔을 뻗고 있는 모습을 본뜬 한자입니다.

아휴, 힘들어.
조금 쉬었다가 하죠.

나한테 기대서면 훨씬 편할 거요.
역시 사람은 이렇게 서로 기대며
살아야 한다니까…

필순에 따라 써 보세요	人 人 (총 2획)				
人	人	人	人	人	人
사람 인					
人	人	人			

· 人口(인구) : 한 나라 또는 일정한 지역 안에 사는
사람의 수.

앗, 조심! '八(여덟 팔)' 자와 '人(사람 인)' 을 잘 구별해서 써야 해요.

월   일 확인: _____

父母兄弟外寸萬人 (青) 年

靑
푸를 청 (靑부)

青 → 青 → 青

우물에 낀 푸른 이끼의 모습을 본뜬 한자입니다.

옛날 사람들 참 대단해.
어떻게 우물에 낀 이끼를 보고
푸를 청(靑)을 생각해 냈지?

촛불을 코 앞에 보여
줘도 흰 백(白)을 모르는 네가
어찌 그 깊은 뜻을 알리요.

필순에 따라 써 보세요	青 青 青 青 青 青 青 青 (총 8획)				
靑	靑	靑	靑	靑	靑
푸를 청					
	靑	靑	靑		

· 靑年(청년) : 젊은 사람.

年

해 년 (干부)

父母兄弟外寸萬人靑 (年)

등에 벼를 지고 가는 모습을 본뜬 한자입니다.

여보, 올해도 풍년이야.

네, 그런데 볏짐을 진 당신 모습이 꼭 해 년(年)자를 닮았어요. 해마다 이렇게 당신이 년(年) 자처럼 보이면 얼마나 좋을까요?

필순에 따라 써 보세요	年年年年年年 (총 6획)

年

해 년

年 年 年

· 少年(소년) : 나이가 어린 사내아이.

· 生年月日(생년월일) : 태어난 해와 달과 날짜.

훈장님 : 8급 시험은 음과 훈만 알면 되니까 잘 할 수 있을 거야.
가족에 관한 한자니까 문제를 잘 읽고, 음을 써 보렴.

 옥동자 : 네, 훈장님. 자신있어요.

1. 父母(　　　　)님의 은혜는 갚을 길이 없습니다.

2. 우리 兄(　　　　)은 축구 선수입니다.

3. 졸업식날 弟(　　　　)자들이 선생님께 꽃다발을 드립니다.

4. 초등학교는 6학 年(　　　　)까지 있습니다.

5. 큰집 형과 나는 四(　　　　)촌입니다.

6. 이번 여름 방학에는 外國(　　　　) 여행을 할 것입니다.

7. 삼일절은 우리 나라의 독립을 위해 萬(　　　　)세를 부른 날입니다.

8. 오늘은 軍人(　　　　)아저씨께 위문편지를 썼습니다.

9. 마을 靑年(　　　　)들이 할머니, 할아버지들을 위해 노인정을

지었습니다.

10. 萬年(　　　　)설은 높은 산 등에서 여름에도 녹지 않고 남아 있는

눈을 말합니다.

11. 벌레 모양을 본뜬 한자는?

　① 兄　　　② 萬　　　③ 外　　　④ 寸

12. 아버지 부(父)와 상대되는 한자는?

　① 人　　　② 母　　　③ 口　　　④ 兄

13. 우물에 낀 이끼를 보고 만든 것으로 색깔을 나타내는 한자는?

　① 外　　　② 寸　　　③ 靑　　　④ 年

14. 동생을 뜻하는 한자는?

　① 父　　　② 母　　　③ 兄　　　④ 弟

15. 口와 儿이 합쳐진 한자는?

　① 年　　　② 兄　　　③ 弟　　　④ 母

16. (　　　) 안에 들어갈 한자는?

　　할아버지의 연(　　　)세는 올해 여든이다.

　① 萬　　　② 人　　　③ 年　　　④ 寸

17. 아버지의 뜻을 가지고 '부'라고 읽는 한자는?

　① 父　　　② 母　　　③ 兄　　　④ 弟

18. 원래 사람이 옆으로 서서 팔을 뻗고 있는 모습을 본뜬 한자는?

　① 萬　　　② 人　　　③ 父　　　④ 母

19. 십, 백, 천 다음에 들어가면 적당한 한자는?

　① 弟　　　② 兄　　　③ 年　　　④ 萬

20. 엄지손가락을 손목에 대고 맥을 짚는 모습을 본뜬 한자는?

　① 年　　　② 弟　　　③ 寸　　　④ 母

 훈장님 : 우리 옥동자 정말 기특하구나.

이제 10자만 더 배우면 8급 한자는 끝이란다. 화이팅!

 옥동자 : 네, 훈장님. 더 열심히 할 게요.

1. 다음 한자의 훈(뜻)과 음(소리)을 쓰세요.

1) 父 (　　　　　　)　　　6) 寸 (　　　　　　)

2) 母 (　　　　　　)　　　7) 萬 (　　　　　　)

3) 兄 (　　　　　　)　　　8) 年 (　　　　　　)

4) 弟 (　　　　　　)　　　9) 靑 (　　　　　　)

5) 外 (　　　　　　)　　　10) 人 (　　　　　　)

2. 다음 한자어의 독음을 쓰세요.

1) 外國人 (　　　　　)　　　6) 五萬 (　　　　　)

2) 四寸 (　　　　　)　　　7) 父母 (　　　　　)

3) 小人國 (　　　　　)　　　8) 兄弟 (　　　　　)

4) 靑年 (　　　　　)　　　9) 母女 (　　　　　)

5) 年金 (　　　　　)　　　10) 女人 (　　　　　)

3. 다음 문제에 알맞은 한자를 보기에서 골라 번호를 쓰세요.

보기	① 父	② 母	③ 兄	④ 弟	⑤ 外
	⑥ 寸	⑦ 萬	⑧ 人	⑨ 靑	⑩ 年

1) 아버지와 어머니를 뜻하는 한자는? (,   )

2) 형과 동생을 뜻하는 한자는? (,   )

3) 색깔과 관련된 한자는? (   )

4) ‘안쪽’ 이란 뜻의 한자와 반대가 되는 한자는? (   )

5) 숫자 ‘일, 십, 백, 천’ 다음에 해당하는 한자는? (   )

6) 음(소리)은 ‘부’, 훈(뜻)은 ‘아버지’ 에 해당하는 한자는? (   )

7) 음(소리)은 ‘인’, 훈(뜻)은 ‘사람’ 에 해당하는 한자는? (   )

8) 음(소리)은 ‘촌’, 훈(뜻)은 ‘마디’ 에 해당하는 한자는? (   )

9) 음(소리)은 ‘제’, 훈(뜻)은 ‘동생’ 에 해당하는 한자는? (   )

10) 음(소리)은 ‘년’, 훈(뜻)은 ‘해’ 에 해당하는 한자는?   (   )

4. 다음 빈 칸에 알맞은 한자를 위의 보기에서 골라 번호를 쓰세요.

1) 촌수(數)가 가깝다고 모두 친하지는 않다.

2) 청소년(少年) 때는 누구나 갈등이 많은 시기이다.

3) 인간(　　間)은 누구나 평등하다.

4) 세뱃돈으로 만(　　　)원을 받았다.

5) 해(　　　)마다 날씨가 더워지는 것 같다.

6) 엄마(　　　)는 늘 나를 사랑하신다.

7) 나는 외출(　　　出)을 그다지 좋아하지 않는다.

8) 동생(　　　)은 항상 공부를 열심히 한다.

9) 푸른색(　　　)은 내가 제일 좋아하는 색깔이다.

10) 아들은 아버지(　　　)를 많이 닮는다.

5. 다음 훈(뜻)과 음(소리)에 알맞은 한자를 쓰세요.

1) 아비 부 (　　　　)　　　5) 푸를 청 (　　　　)

2) 아우 제 (　　　　)　　　6) 마디 촌 (　　　　)

3) 해 년 (　　　　)　　　　7) 사람 인 (　　　　)

4) 일만 만 (　　　　)

6. 年 (해 년)에서 화살표가 있는 획은 몇 번째로 쓰나요?

父傳子傳 (부전자전)

대대로 아버지가 아들에게 전한다는 뜻으로 아버지와 아들이 많이
닮아 있음을 말합니다.

단돈 1000원!!
와~ 싸다, 싸!

와, 아빠 최고!

얘들아,
아빠 왔다.~

누굴 닮아서
이렇게 쓸데없는 물건에
낭비를 하는 거야. 응?

부전자전 아니겠소.
허허허허…

웃지 말아욧!

그렇지!
아빠랑 나는
부전자전이야.

❖ 父:아비 부, 傳:전할 전, 子:아들 자, 傳:전할 전

※ 그림 속에 숨어 있는 學 (배울 학), 校 (학교 교), 長 (길 장), 敎 (가르칠 교), 室 (집 실), 中 (가운데 중), 門 (문 문), 先 (먼저 선), 生 (날 생), 王 (임금 왕)을 찾아보세요.

學 校長教室中門先生王

學
배울 **학** (子부)

아이가 손으로 공부하는 모습을 본뜬 한자입니다.

지금 네 모습처럼 학교에서 나뭇가지로 숫자 공부하는 모습을 본뜬 글자가 배울 학(學)이야.

아휴, 난 지금 한자가 아니고 수학 공부를 하는 중이라고. 2+2는 그러니까, 나뭇가지 두 개를 가지고…

| 필순에 따라 써 보세요 | 學學學學學學學學學學學學學學學學 (총 16획) |

80

學	學	學	學	學	學
배울 **학**					
學	學	學			

· 學生(학생): 1.학교에서 공부하는 사람.
　　　　　　 2.학예(學藝)를 배우는 사람.

상대·반의어 　學(배울 학) ↔ 敎(가르칠 교)

學 校 長教室中門先生王

校
학교 교 (木부)

木 + 交 = 校

나무 목(木)과 발음을 결정한 사귈 교(交)가 합쳐진 한자입니다.

학교의 책상과 의자는 거의 나무로 만들어져 있네.

아하, 그래서 학교 교(校)에 나무 목(木)이 들어 있구나. 交(교)는 발음 때문에 합쳐졌고. 어때, 이 정도면 한자 박사답지?

필순에 따라 써 보세요	校校校校校校校校校校 (총 10획)

校

校 校 校 校 校

학교 교

校 校 校

· 學校(학교) : 교육 · 학습에 필요한 설비를 갖추고 교사가 학생들을 가르치는 기관.

앗, 조심!

'교실(教室)'의 '교'는 가르칠 교(教),
'교장(校長)'의 '교'는 학교 교(校),
'교육(教育)'의 '교'는 가르칠 교(教).

長

길/어른 **장** (長부)

긴 머리카락이 바람에 날리는 모습을 본뜬 한자입니다.

앞에 걸어가는 여자 머리카락 정말 길다.

기다란 머리카락이 바람에 날리는 모습을 보니까 길 장(長)이 생각나네!

필순에 따라 써 보세요	長長長長長長長長 (총 8획)

長

길/어른 **장**

· 校長(교장) : 학교의 교육 및 사무에 대하여 관리·감독하고, 대외적으로는 학교를 대표하는 사람.

재밋는 한자 길 장(長)은 '어른 장' 으로도 쓰이는데, 이렇게 원래 뜻과 관련해 다른 뜻으로 끌어 대어 쓰는 문자를 '전주문자(轉注文字)' 라고 해요.

급수한자.kr

學校長 教 室中門先生王

教
가르칠 교 (攵(攴)부)

 ✕✕ ➡ 教 ➡ 教

회초리를 든 선생님이 공부를 가르치는 모습을 본뜬 한자입니다.

지난 시간에 배운 한자를
복습해 볼까?
'教' 이게 무슨 글자냐?

여러 개의 교차된 막대기를
앞에 놓은 아이[子]에게
회초리를 든 선생님이
공부를 가르치는 모습으로
가르칠 교(教)입니다.
이제 그림이 막 보입니다요.
헤헤헤.

필순에 따라 써 보세요 教教教教教教教教教教教 (총 11획)

教	教	教	教	教	教
가르칠 교					

教	教	教

· 教育(교육) : 지식을 가르치고 품성과 체력을 기름.

앗, 조심! 교실은 가르치는 곳이니까 '校室' 이 아니고 '敎室', 교장은 학교의 어른이시니까 '敎長' 이 아니고 '校長' 이랍니다.

學 校 長 教 室 中 門 先 生 王

室
집 실 (宀부)

⚊ ➡ 室 ➡ 室

지붕 모양과 화살이 땅에 떨어지고 있는 모습을 본뜬 한자입니다.

넌 어떻게 집에서 꼼짝 하지 않고 만화영화만 보니?

엄마, 집 실(室)이 원래 지붕 모양의 宀(면)과 화살이 떨어져 머 무 르 는 至(이를 지)를 본뜬 한자예요. 그러니 집에 들어오면 쭈-욱 그냥 머무를 수 밖에요.

필순에 따라 써 보세요	室室室室室室室室室 (총 9획)				
室	室	室	室	室	室
집 실					
室	室	室			

· 敎室(교실) : 학교에서 주로 수업에 쓰는 방.

中
가운데 중 (丨부)

화살이 과녁을 맞히는 모습을 본뜬 한자입니다.

와, 정확히 가운데를 맞혔네!

내 화살 [丨]이 과녁(口)을 만났으니 가운데 [中]를 맞히는 건 당연한 일이지.

필순에 따라 써 보세요	中中口中 (총 4획)

가운데 중

· **中學生**(중학생) : 중학교에 재학하는 학생.

學 校 長 教 室 中 ⑨門 先 生 王

門

문 문 (門부)

田目 ➜ 門 ➜ 門

두 개의 문짝 모양을 본뜬 한자입니다.

얘는 잘 닫혀 있는
대문을 왜 자꾸
닫으라고 난리야.

그 대문 말고,
아래에 있는
대문 말이야.
킥킥킥.

필순에 따라 써 보세요   門 門 門 門 門 門 門 門 (총 8획)

門

문 문

門 門 門

· 大門(대문) : 큰 문. 집의 정문.

86

先
먼저 선 (儿부)

學校長教室中門 先 生王

앞서 가는 발자국을 따라가는 모습을 본뜬 한자입니다.

우리고장의 자랑

선생님의 선(先)자는
앞서가는 발자국을
따라가는 모양이란다.
그러니까 늘 선생님
말씀 잘 들어야 한다.

네, 이제부터
선생님 발자국만
따라다닐게요.
왼발, 오른발,
왼발, 오른발...

필순에 따라 써 보세요	先先先先先先 (총 6획)

先

먼저 선

87

· 先生(선생) : 1.(남을) 가르치는 사람. 교사.
　　　　　　2.어떤 일에 경험이 많거나 아는 것이 많은 사람.

급수한자.kr

월   일 확인:

學校長教敎室中門先 生 王

生

날 생 (生부)

새싹이 돋아나는 모습을 본뜬 한자입니다.

땅에서 새싹이 하나 나오면 흙 토(土).

쌍으로 새 잎이 두 장 나오면 날 생(生). 한자 공부 정말 쉽지?

필순에 따라 써 보세요   生生生生生 (총 5획)

生	生	生	生	生	生
날 생					
生	生	生			

· 生水(생수) : 샘에서 솟아나는 맑고, 신선한 물.

王

임금 **왕** (王부)

도끼 모양이 변해 만들어진 한자입니다.

옷에 도끼 모양 무늬가 있네. 참, 특이하다.

임금 왕(王)이 도끼 모양을 본뜬 한자라고 해서. 도끼 무늬 코트에 王자 주름 배. 어때 왕처럼 보이니?

필순에 따라 써 보세요   王 王 王 王 (총 4획)

임금 **왕**

· 王國(왕국) : 임금이 다스리는 나라.

훈장님 : 이번에 배운 10자까지 8급 50자를 모두 배웠구나. 정말 수고했다.

　　　　한자의 음을 쓰는 문제들이니까 잘 풀어 보거라.

옥동자 : 네, 훈장님.

1. 우리 **學校**(　　　　　)는 운동장이 넓습니다.

2. **先生**(　　　　　)님께서 숙제 검사를 하십니다.

3. 학교에서는 **校長**(　　　　　)선생님이 제일 어른이십니다.

4. 초등학교를 졸업하면 **中**(　　　　　)학생이 됩니다.

5. 오늘은 **教室**(　　　　　)환경 미화하는 날입니다.

6. 엄마와 함께 동대**門**(　　　　　)시장에 갔습니다.

7. 친구 **生**(　　　　　)일 파티에 초대를 받았습니다.

8. 어린 **王**(　　　　　)자 책을 읽고 독후감을 썼습니다.

9. **室**(　　　　　)내 공기를 깨끗이 하기 위해 공기 청정기를 샀습니다.

10. 옛날에는 **長**(　　　　　)발 단속을 했습니다.

 훈장님 : 이제 마지막 선택형 문제들이다. 잘 풀어서 유종의 미를 거두자.

11. 두 손으로 나뭇가지를 가지고 공부하는 모습의 한자는?

① 學　　② 校　　③ 長　　④ 敎

12. '생일'의 '생' 자를 한자로 쓰면?

① 生　　② 先　　③ 學　　④ 校

13. 집과 화살의 모양을 합쳐 '집'이라는 뜻을 가진 한자는?

① 生　　② 室　　③ 校　　④ 中

14. 화살이 과녁 가운데를 정확히 맞힌 모습을 본뜬 한자는?

① 先　　② 生　　③ 中　　④ 室

15. '길다'와 '어른'이라는 두 가지 뜻을 가진 한자는?

① 長　　② 王　　③ 門　　④ 學

16. 가르칠 교(敎)와 상대적인 뜻을 가진 한자는?

① 學　　② 中　　③ 先　　④ 校

17. 중(中)의 뜻은?

① 가운데　② 틀리다　③ 먼저　　④ 가다

18. 땅 위로 새싹이 나오는 모습을 본뜬 것으로 '태어나다'라는 뜻을 가진 한자는?

① 先　　② 中　　③ 生　　④ 室

19. '먼저'라는 뜻을 가진 한자는?

① 學　　② 室　　③ 門　　④ 先

20. '학교'와 관련이 없는 한자는?

① 先生　　② 敎室　　③ 學校　　④ 王國

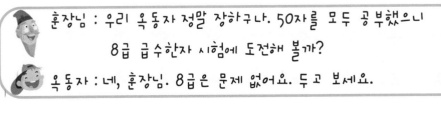

훈장님 : 우리 옥동자 정말 장하구나. 50자를 모두 공부했으니 8급 급수한자 시험에 도전해 볼까?

옥동자 : 네, 훈장님. 8급은 문제 없어요. 두고 보세요.

1. 다음 한자의 훈(뜻)과 음(소리)을 쓰세요.

1) 學 (　　　　　)　　　　6) 敎 (　　　　　)

2) 校 (　　　　　)　　　　7) 室 (　　　　　)

3) 長 (　　　　　)　　　　8) 中 (　　　　　)

4) 先 (　　　　　)　　　　9) 門 (　　　　　)

5) 生 (　　　　　)　　　　10) 王 (　　　　　)

2. 다음 한자어의 독음을 쓰세요.

1) 室長 (　　　　)　　　　8) 學校 (　　　　)

2) 中學生 (　　　　)　　　　9) 先生 (　　　　)

3) 大王 (　　　　)　　　　10) 東大門 (　　　　)

4) 學生 (　　　　)　　　　11) 生年月日 (　　　　)

5) 敎室 (　　　　)　　　　12) 校長 (　　　　)

6) 女王 (　　　　)　　　　13) 靑年 (　　　　)

7) 生日 (　　　　)　　　　14) 室外 (　　　　)

3. 다음 문제에 알맞은 한자를 보기에서 골라 번호를 쓰세요.

보기

①學	②校	③長	④先	⑤生
⑥敎	⑦室	⑧中	⑨門	⑩王
⑪水	⑫軍	⑬人	⑭萬	⑮五

1) 음(소리)이 같은 두 한자를 고르세요.(　　　,　　　)

2) '어른' 이란 뜻과 '길다' 라는 뜻을 가진 한자는? (　　　)

3) 두 짝 문의 모양을 본뜬 한자는? (　　　)

4) '선생' 에 해당하는 한자는? (　　　,　　　)

5) 학교의 어른이라는 뜻의 '교장' 에 해당하는 한자는? (　　　,　　　)

6) 음(소리)이 '인', 훈(뜻)이 '사람' 인 한자는? (　　　)

7) 음(소리)이 '왕', 훈(뜻)이 '임금' 인 한자는? (　　　)

8) 음(소리)이 '실', 훈(뜻)이 '집' 인 한자는? (　　　)

9) 음(소리)이 '생', 훈(뜻)이 '나다' 인 한자는? (　　　)

10) 음(소리)이 '수', 훈(뜻)이 '물' 인 한자는? (　　　)

11) 음(소리)이 '교', 훈(뜻)이 '학교' 인 한자는? (　　　)

12) 음(소리)이 '중', 훈(뜻)이 '가운데' 인 한자는? (　　　)

4. 다음 ( ) 안에 알맞은 한자를 보기에서 골라 번호를 쓰세요.

보기

①學　②校　③長　④先　⑤敎

⑥中　⑦王　⑧軍　⑨人　⑩五

1) 우리 집 식구는 다섯( )명이다.

2) 수학(數)은 내가 제일 좋아하는 과목이다.

3) 내가 세상의 중심(心)이다.

4) 나의 장래 희망은 멋진 군인(人)이다.

5) 우리 교실(室)은 햇볕이 잘 든다.

6) 오늘 어린 왕(子)라는 책을 읽었다.

5. 生 (날 생)에서 화살표가 있는 획은 몇 번째로 쓰나요?

五里霧中 (오리무중)

5리나 되는 안개 속에서 길을 헤맨다는 뜻으로 무슨 일에 관해 알 길이 없거나 마음을 잡지 못하는 것을 말합니다.

❖ 五:다섯 오, 里:마을 리, 霧:안개 무, 中:가운데 중

실전대비 총정리

⭐ 다음 글을 읽고 漢字(한자)의 독음을 쓰세요. (1~16)

〈보기〉 漢字 → 한자

* 2002년에 우리 나라 大(1.   ) 韓(2.   ) 民(3.   ) 國(4.   )과 日(5.   )본에서 세계 東(6.   ) 西(7.   ) 南(8.   ) 北(9.   )의 사람들이 모여 월드컵 축구 대회를 열었습니다.

* 六(10.   ) 月(11.   )에는 현충일이 있고, 七(12.   )월에는 제헌절이 있습니다. 그리고 八(13.   )월 十(14.   ) 五(15.   )일은 광복절입니다. 이 날은 모두 태극기를 다는 날입니다.

* 세종대王(16.   )께서 만드신 한글을 기념하는 날은 언제입니까?

⭐ 다음 한자의 訓(훈:뜻)과 音(음:소리)을 쓰세요. (17~25)

〈보기〉 音 ⇨ 소리 음

17. 水 ⇨   18. 長 ⇨   19. 父 ⇨
20. 金 ⇨   21. 母 ⇨   22. 軍 ⇨
23. 九 ⇨   24. 木 ⇨   25. 四 ⇨

⭐ 다음에 알맞은 漢字(한자)를 〈보기〉에서 골라 그 번호를 쓰세요. (26~35)

〈보기〉

① 中	② 年	③ 萬	④ 生	⑤ 寸
⑥ 土	⑦ 室	⑧ 先	⑨ 學	⑩ 三

26. 석 삼 ⇨   **27.** 가운데 중 ⇨

28. 먼저 선 ⇨   **29.** 일만 만 ⇨

30. 흙 토 ⇨   **31.** 배울 학 ⇨

32. 날 생 ⇨   **33.** 집 실 ⇨

34. 마디 촌 ⇨   **35.** 해 년 ⇨

● 다음 밑줄 친 낱말에 알맞은 한자를 〈보기〉에서 골라 그 번호를 쓰세요.(36~40)

〈보기〉

① 二	② 兄	③ 人	④ 外	⑤ 門	⑥ 白

＊ 한수는 현충일에 현충원에 갔습니다. 형(36)과 함께 둘(37)이 갔습니다. 하얀(38) 모자를 쓰고 갔습니다. 많은 사람(39)들이 문을 지나 들어갑니다. 그런데 문 밖(40)에도 많은 사람들이 보입니다.

36. 형 ⇨   **37.** 둘 ⇨   **38.** 하얀 ⇨

39. 사람 ⇨   **40.** 밖 ⇨

● 아래 글의 ㉠과 ㉡의 밑줄 친 낱말에 공통으로 쓰이는 한자를 〈보기〉에서 골라 그 번호를 쓰세요. (41~43)

<보기>

① 白　　② 女　　③ 敎　　④ 萬　　⑤ 山　　⑥ 靑

41. ㉠ 청소년 여러분!　　　　㉡ 청색 테이프를 준비하세요.

42. ㉠ 북한산은 서울의 자랑입니다.　　㉡ 산 중턱에 절이 있습니다.

43. ㉠ 교실에서 조용히 공부합니다.　　㉡ 국어 교과서를 읽었습니다.

⚙ 다음 한자는 무슨 뜻이며 어떤 소리(음)로 읽을까요?
〈보기〉에서 골라 그 번호를 쓰세요. (44~48)

<보기>

① 작다　　② 소　　③ 불　　④ 화　　⑤ 교

44. 小는 (　　　　)라고 읽습니다.

45. 小는 (　　　　)라는 뜻입니다.

46. 校는 (　　　　)라고 읽습니다.

47. 火는 (　　　　)라고 읽습니다.

48. 火는 (　　　　)이라는 뜻입니다.

⚙ 다음 한자(漢字)의 필순을 알아보세요.(49~50)

49. 王 (임금 왕)을 쓰는 순서에 맞게 각 획에 번호를 쓰세요.

50. 火 (불 화)자에서 화살표가 있는 획은 몇 번째로 쓰나요?

부록

한자가 이루어진 원리

부수 소개

한자가 이루어진 원리

* 한자는 단순한 그림에서 시작되어 복잡한 글자의 형태로 발전했습니다. 이렇게 한자가 이루어지는 원리를 여섯 가지로 분리한 것을 육서(六書)라고도 하는데 지금부터 하나씩 살펴봅시다!

1 상형문자(象形文字) : 사물의 모양을 본뜬 글자로 7, 8급에 많이 나온답니다.

① 가운데 흑점이 있는 태양을 본뜬 : 日(날 일)

② 한쪽으로 기울어진 달을 본뜬 : 月(달 월)

③ 흘러가는 물을 본뜬 : 川(내 천)

④ 나무의 모습을 본뜬 : 木(나무 목)

⑤ 산의 모습을 본뜬 : 山(뫼 산)

2 지사문자(指事文字) : 어떤 모양이나 형태가 없는 글자를 점이나 선으로 나타낸 글자입니다. 한 일(一), 두 이(二)도 여기에 속합니다.

① 어떠한 지점(一)의 위라는 뜻의 점(ˑ)이 합쳐져 이루어진 글자 : 上(윗 상)

② 어떠한 지점(一)의 아래라는 뜻의 점(.)이 합쳐져 이루어진 글자 : 下(아래 하)

3 회의문자(會意文字) : 두 개 이상의 글자가 합쳐진 글자로 뜻과 뜻이 합쳐진 글자입니다.

① 나무[木]와 나무[木]가 합쳐져 숲을 이루고 있다는 뜻에서 만들어진 수풀 림(林).

② 새[隹]와 나무[木]가 합쳐져 나무 위에 새들이 모여 있다는 뜻에서 만들어진 모일 집(集).

③ 사람[人]이 나무[木] 아래에서 쉰다는 뜻에서 만들어진 쉴 휴(休).

④ 손[手]과 눈[目]이 합쳐져 눈두덩 위에 손을 얹어 햇빛을 가리고 멀리 본다는 뜻에서 만들어진 볼 간(看).

木 + 木 = 林   隹 + 人 = 集   人 + 木 = 休   手 + 目 = 看

4 형성문자(形聲文字) : 두 개의 글자로 이루어져 한쪽은 뜻을 나타내고, 한쪽은 소리를 결정한 글자입니다.

① 풀이란 뜻을 가지고 있는 '초 두(艹)' 와 소리를 결정한 화(化)가 합쳐진 꽃 화(花).

② 소리를 결정한 자(玆)와 사랑한다는 감정을 나타내는 마음 심(心)이 합쳐진 사랑할 자(慈).

③ 벼루의 재료를 나타내는 돌 석(石)과 소리를 결정한 견(見)이 합쳐진 벼루 연(硯).

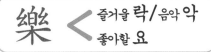

5 전주문자(轉注文字) : 이미 만들어진 글자를 다른 뜻으로 사용하는 글자입니다.

① 樂 : 원래는 악기가 나무 받침대 위에 놓여진 모습을 본뜬 글자로 '즐거워하다' 는 뜻을 가지고 있었지만, 지금은 '음악(音樂)' 이란 뜻의 '악' · '즐거워하다' 는 뜻의 '락' · '좋아하다' 는 뜻의 '요' 로 다양하게 쓰입니다.

② 說 : 처음에는 '말하다' 는 뜻을 가진 글자로 발음은 '설' 이라고 합니다. 그러나 지금은 '달래다' · '기쁘다' 는 뜻으로 발음은 '세' 와 '열' 로 달리 쓰이기도 하는 글자입니다.

6 가차문자(假借文字) : 이미 만들어진 글자의 발음만 빌려 쓰이고 있는 글자입니다.

① 아세아(亞細亞) : '아시아' 의 소리만 따온 글자.

② 미국(美國) : '아메리카' 를 한자로 '미리견(美利堅)' 이라고 하여 그 발음만 따온 글자. 여기서 미(美)와 '나라' 라는 뜻의 국(國)이 합쳐진 단어입니다.

부수는 수많은 한자를 정리하기 편하도록 만든 기준 같은 것입니다. '키 큰 애들끼리 모여, 혹은 모자 쓴 아이들끼리 모여' 라고 할 때 '키가 큰' 혹은 '모자를 쓴' 것이 정렬의 기준이 되는 것처럼, 물 수(氵) 있는 한자끼리 모아 놓고, 나무 목(木)이 들어간 한자끼리 모아 놓으면 정리하기 쉽겠죠? 사전에서 찾기도 쉽고. 그래서 만들어진 기준이 바로 부수입니다.

부수는 주로 글자의 뜻 부분을 나타내고 있어서, 글자를 구성하고 있는 부분 중 어느 것이 부수인지 또 부수가 어떤 뜻을 가지고 있는지 안다는 것은 한자의 뜻을 반(半)을 안다고 해도 과언이 아니랍니다.

한자의 부수는 여덟 가지로 나눌 수 있는데 주로 모양과 위치에 따라 나뉩니다. 또한 바다 해(海)의 부수 물 수(水)가 ' 氵'의 모양으로 변한 것처럼 원래의 모양과 다른 모습으로 글자 속에 나타나기도 합니다. 사람 인(人)도 부수로는 ' 亻'의 모습으로 날씬해졌답니다.

1) 부수가 글자의 왼쪽에 붙는 것을 '변' 이라고 합니다.

> 예) 村(마을 촌) : 부수는 '木'(나무 목 변이라고 합니다.)
> 住(살 주) : 부수는 '亻'(사람 인 변이라고 합니다.)

2) 부수가 글자의 오른쪽에 붙는 것은 '방' 이라고 합니다.

> 예) 北(북녘 북) : 부수는 '匕', 敎(가르칠 교) : 부수는 '攵'

3) 부수가 글자의 위에 붙는 것은 '머리' 라고 합니다.

예) 萬(일만 만) : 부수는 '艹', 室(집 실) : 부수는 '宀'

4) 부수가 글자의 아래에 붙는 것을 '발' 또는 '다리' 라고 합니다.

예) 兄(형 형), 先(먼저 선) : 부수는 '儿', 夏(여름 하) : 부수는 '夂'

5) 부수가 글자의 바깥 테두리를 에워싸고 있는 것을 '에운담' 또는 '몸' 이라고 합니다.

예) 國(나라 국), 四(넉 사) : 부수는 바깥 테두리인 '囗'

6) 부수가 글자의 위에서 왼쪽으로 걸쳐 있는 글자를 '엄' 이라고 합니다.
7, 8급에선 아직 나오지 않은 부수입니다.

예) 床(침상 상) : 부수는 '广', 原(언덕 원) : 부수는 '厂'

7) 부수가 글자의 왼쪽에서 오른쪽으로 걸쳐 있는 글자를 '받침' 이라고 합니다.
역시 아직 나오지 않은 부수입니다.

예) 近(가까울 근) : 부수는 '辶', 建(세울 건) : 부수는 '廴'

8) 글자 전체가 부수로 쓰이고 있는 글자를 '제부수' 라고 합니다.
많은 상형문자가 여기에 속합니다.

예) 山(뫼 산) : 부수는 '山', 一(한 일) : 부수는 一

· 재미있는 확인 학습 (18p~19p)

1. 일 2. 금 3. 월 4. 화 5. 토, 수 6. 목 7. 토 8. 소 9. 백 10. 산 11. ① 12. ① 13. ① 14. ③ 15. ④ 16. ③ 17. ② 18. ④ 19. ① 20. ②

· 기출 및 예상 문제 (20P~22P)

1. 1)달 월 2)작을 소 3)쇠 금 4)흰 백 5)나무 목 6)날 일 7)불 화 8)물 수 9)흙 토 10)뫼 산

2. 1)① 2)② 3)⑩ 4)⑤ 5)④ 6)③ 7)⑦ 8)⑥ 9)⑨ 10)⑧

3. 1)③,④ 2)⑤,⑥ 3)⑩,④ 4)⑧,③ 5)⑦,③ 6)⑨,⑥

4. 1)小 2)月 3)金 4)白 5)山 6)火

5. 1)③ 2)⑦ 3)④ 4)⑨ 5)② 6)① 7)⑩ 6. 첫 번째

· 재미있는 확인 학습 (36p~37p)

1. 일 2. 삼 3. 칠 4. 사, 육, 십 5. 구 6. 오, 팔 7. 이 8. 사 9. 칠, 이, 구 10. 육 11. ③ 12. ③ 13. ③ 14. ④ 15. 一 16. ④ 17. ② 18. 사 19. ① 20. ③

· 기출 및 예상 문제 (38P~40P)

1. 1)두 이 2)넉 사 3)여섯 육 4)아홉 구 5)열 십 6)한 일 7)일곱 칠 8)다섯 오 9)석 삼 10)여덟 팔

2. 1)십육 2)팔십이 3)십일 4)사십오 5)이십 6)십오 7)삼십칠 8)김구 9)화산 10)유월팔일

3. 1)五 2)十一 3)九 4)八 5)七

4. 1)⑥ 2)⑩ 3)⑧ 4)⑨ 5)⑦

5. 1)九 2)八 3)七 4)六 5)五 6)四 7)三 8)二 6. 다섯 번째

· 재미있는 확인 학습 (54p~55p)

1. 동 2. 동, 서 3. 남한, 북한 4. 대 5. 한국 6. 국민 7. 서 8. 여군 9. 남 10. 여 11. ① 12. ④ 13. ③ 14. ② 15. ① 16. ③ 17. ③ 18. ① 19. ③ 20. ④

· 기출 및 예상 문제 (56P~58P)

1. 1)군사 군 2)백성 민 3)서녘 서 4)계집 녀 5)남녘 남 6)동녘 동 7)나라 한 8)나라 국 9)북녘 북 10)큰 대

2. 1)여군 2)삼국 3)국민 4)동서 5)한국 6)남산 7)북한 8)남북 9)대국 10)대소

3. 1)⑤ 2)④,⑨ 3)⑫ 4)⑬ 5)⑦,⑮ 6)⑪,⑫,⑬,⑭ 7)⑧,⑨,⑩,⑯ 8)①,②,③,④

4. 1)⑩ 2)④ 3)⑯ 4)⑩ 5)⑪ 6)⑫ 7)⑦ 8)⑧ 9)⑭ 10)⑨ 11)⑬ 12)⑤

5. 세 번째

· 재미있는 확인 학습 (72p~73p)

1. 부모 2. 형 3. 제 4. 년 5. 사 6. 외국 7. 만 8. 군인 9. 청년 10. 만년 11. ② 12. ② 13. ③ 14. ④ 15. ② 16. ③ 17. ① 18. ② 19. ④ 20. ③

· 기출 및 예상 문제 (74P~76P)

1. 1)아비 부 2)어미 모 3)형 형 4)아우 제 5)바깥 외 6)마디 촌 7)일만 만 8)해 년 9)푸를 청 10)사람 인

2. 1)외국인 2)사촌 3)소인국 4)청년 5)연금 6)오만 7)부모 8)형제 9)모녀 10)여인

3. 1)①,② 2)③,④ 3)⑨ 4)⑤ 5)⑦ 6)① 7)⑧ 8)⑥ 9)④ 10)⑩

4. 1)⑥ 2)⑨ 3)⑧ 4)⑦ 5)⑩ 6)② 7)⑤ 8)④ 9)⑨ 10)①

5. 1)父 2)弟 3)年 4)萬 5)靑 6)寸 7)人 6. 여섯 번째

· 재미있는 확인 학습 (90p~91p)

1. 학교 2. 선생 3. 교장 4. 중 5. 교실 6. 문 7. 생 8. 왕 9. 실 10. 장 11. ③ 12. ① 13. ② 14. ③ 15. ① 16. ① 17. ① 18. ③ 19. ④ 20. ④

· 기출 및 예상 문제 (92P~94P)

1. 1)배울 학 2)학교 교 3)길/어른 장 4)먼저 선 5)날 생 6)가르칠 교 7)집 실 8)가운데 중 9)문 문 10)임금 왕

2. 1)실장 2)중학생 3)대왕 4)학생 5)교실 6)여왕 7)생일 8)학교 9)선생 10)동대문 11)생년월일 12)교장 13)청년 14)실외

3. 1)②,⑥ 2)③ 3)⑨ 4)④,⑤ 5)②,③ 6)⑬ 7)⑩ 8)⑦ 9)⑤ 10)⑪ 11)② 12)⑧

4. 1)⑩ 2)① 3)⑥ 4)⑧ 5)⑤ 6)⑦

5. 네 번째

· 실전대비 총정리 (96P~98P)

1. 대 2. 한 3. 민 4. 국 5. 일 6. 동 7. 서 8. 남 9. 북 10. 유 11. 월 12. 칠 13. 팔 14. 십 15. 오 16. 왕 17. 물 수 18. 길/어른 장 19. 아비 부 20. 쇠 금 21. 어미 모 22. 군사 군 23. 아홉 구 24. 나무 목 25. 넉 사 26. ⑩ 27. ① 28. ⑧ 29. ③ 30. ⑥ 31. ⑨ 32. ④ 33. ⑦ 34. ⑤ 35. ② 36. ② 37. ① 38. ⑥ 39. ③ 40. ④ 41. ⑥ 42. ⑤ 43. ③ 44. ② 45. ① 46. ⑤ 47. ④ 48. ③ 49.   50.세 번째

모의한자능력 검정시험 (제1회)

1 1)남녘 남
2)일만 만
3)문 문
4)군사 군
5)쇠 금
6)학교 교
7)넉 사
8)나라 국
9)먼저 선
10)흰 백
11)뫼 산
12)날 일
13)나라 한
14)형 형
15)여덟 팔
16)사람 인

2 17)학교
18)오월오일
19)대문
20)동서남북
21)선생
22)삼일
23)소인
24)생일
25)동대문

3 26)④
27)⑧
28)①
29)⑦
30)⑥
31)②
32)⑤
33)③
34)⑬
35)⑮
36)⑪
37)⑫

38)⑩
39)⑭
40)⑨

4 41)③,④
42)②,①
43)③,①

5 44)②
45)⑤
46)③
47)④
48)①

6 49)①
50)④

모의한자능력 검정시험 (제2회)

1 1)삼
2)장
3)민
4)북
5)선
6)실
7)연(년)
8)제
9)소
10)교
11)토
12)동
13)금
14)일
15)모

2 16)열
17)문
18)일만
19)희다
20)동녘
21)남녘
22)바깥
23)아홉
24)뫼

25)나무
26)백성
27)물
28)나다
29)배우다
30)해

3 31)④
32)①
33)③
34)⑤
35)②
36)⑥
37)⑩
38)⑨
39)⑦
40)⑧

4 41)③
42)②
43)⑤
44)①
45)④
46)⑩
47)⑦
48)⑥

5 49)③
50)④

모의한자능력 검정시험 (제3회)

1 1)나라 국
2)달 월
3)열 십
4)군사 군
5)마디 촌
6)나라 한
7)계집 녀
8)불 화
9)사람 인
10)물 수
11)여덟 팔

12)일만 만
13)동녘 동
14)학교 교
15)아비 부

2 16)③
17)⑤
18)①
19)②
20)④
21)⑩
22)⑧
23)⑨
24)⑦
25)⑥

3 26)북
27)장
28)소
29)교
30)문
31)청
32)제
33)칠
34)부
35)국

4 36)⑧
37)⑨
38)③
39)①
40)⑩
41)②
42)④
43)⑦
44)⑥
45)⑤
46)⑫
47)⑪
48)⑭

5 49)②
50)③

찾아보기 (8급 50자)

ㄱ

校(교) 81
教(교) 83
九(구) 34
國(국) 51
軍(군) 53
金(금/김) 12

ㄴ

南(남) 46
女(녀) 52
年(년) 71

ㄷ

大(대) 48
東(동) 44

ㅁ

萬(만) 68
母(모) 63
木(목) 11
門(문) 86
民(민) 50

ㅂ

白(백) 16
父(부) 62
北(북) 47

ㅅ

四(사) 29
山(산) 17
三(삼) 28
生(생) 88
西(서) 45
先(선) 87
小(소) 15
水(수) 10
室(실) 84
十(십) 35

ㅇ

五(오) 30
王(왕) 89
外(외) 66
六(육) 31
月(월) 8
二(이) 27
人(인) 69
一(일) 26

日(일) 14

ㅈ

長(장) 82
弟(제) 65
中(중) 85

ㅊ

靑(청) 70
寸(촌) 67
七(칠) 32

ㅌ

土(토) 13

ㅍ

八(팔) 33

ㅎ

學(학) 80
韓(한) 49
兄(형) 64
火(화) 9

수험번호 □□□-□□-□□□□   성명 □□□□□

주민등록번호 □□□□□□-□□□□□□□   ※유성 싸인펜, 붉은색 필기구 사용 불가.

※답안지는 컴퓨터로 처리되므로 구기거나 더럽히지 마시고, 정답 칸 안에만 쓰십시오.
  글씨가 채점란으로 들어오면 오답처리가 됩니다.

제 1회 한자능력검정시험 8급 답안지(1)

번호	정답	1검	2검	번호	정답	1검	2검
1				13			
2				14			
3				15			
4				16			
5				17			
6				18			
7				19			
8				20			
9				21			
10				22			
11				23			
12				24			

감 독 위 원	채 점 위 원 (1)	채 점 위 원 (2)	채 점 위 원 (3)
(서명)	(득점) (서명)	(득점) (서명)	(득점) (서명)

※본 답안지는 컴퓨터로 처리되므로 구기거나 더럽혀지지 않도록 조심하시고 글씨를 칸 안에 또박또박 쓰십시오.

제 1회 한자능력검정시험 8급 답안지(2)

번호	답 안 지 정 답	채점란 1검	채점란 2검	번호	답 안 지 정 답	채점란 1검	채점란 2검
25				38			
26				39			
27				40			
28				41			
29				42			
30				43			
31				44			
32				45			
33				46			
34				47			
35				48			
36				49			
37				50			

※8급 과정을 모두 마친 다음에 모의고사 답을 이 곳에 기재하세요.

수험번호 □□□-□□-□□□□ 성명 □□□□

주민등록번호 □□□□□□-□□□□□□□

※유성 싸인펜, 붉은색 필기구 사용 불가.

※답안지는 컴퓨터로 처리되므로 구기거나 더럽히지 마시고, 정답 칸 안에만 쓰십시오.
　글씨가 채점란으로 들어오면 오답처리가 됩니다.

제 2회 한자능력검정시험 8급 답안지(1)

번호	정답	1검	2검	번호	정답	1검	2검
1				13			
2				14			
3				15			
4				16			
5				17			
6				18			
7				19			
8				20			
9				21			
10				22			
11				23			
12				24			

감독위원	채점위원(1)	채점위원(2)	채점위원(3)
(서명)	(득점) (서명)	(득점) (서명)	(득점) (서명)

제 2회 한자능력검정시험 8급 답안지(2)

번호	답 안 지 정 답	채점란 1검	채점란 2검	번호	답 안 지 정 답	채점란 1검	채점란 2검
25				38			
26				39			
27				40			
28				41			
29				42			
30				43			
31				44			
32				45			
33				46			
34				47			
35				48			
36				49			
37				50			

수험번호 ☐☐☐-☐☐-☐☐☐☐☐　　성명 ☐☐☐☐☐

주민등록번호 ☐☐☐☐☐☐-☐☐☐☐☐☐☐　　※유성 싸인펜, 붉은색 필기구 사용 불가.

※답안지는 컴퓨터로 처리되므로 구기거나 더럽히지 마시고, 정답 칸 안에만 쓰십시오.
　글씨가 채점란으로 들어오면 오답처리가 됩니다.

제 3회 한자능력검정시험 8급 답안지(1)

번호	답 안 지 정 답	채점란 1검	2검	번호	답 안 지 정 답	채점란 1검	2검
1				13			
2				14			
3				15			
4				16			
5				17			
6				18			
7				19			
8				20			
9				21			
10				22			
11				23			
12				24			

감 독 위 원	채 점 위 원 (1)	채 점 위 원 (2)	채 점 위 원 (3)
(서명)	(득점) (서명)	(득점) (서명)	(득점) (서명)

※본 답안지는 컴퓨터로 처리되므로 구기거나 더럽혀지지 않도록 조심하시고 글씨를 칸 안에 또박또박 쓰십시오.

제 3회 한자능력검정시험 8급 답안지(2)

답 안 지		채점란		답 안 지		채점란	
번호	정 답	1검	2검	번호	정 답	1검	2검
25				38			
26				39			
27				40			
28				41			
29				42			
30				43			
31				44			
32				45			
33				46			
34				47			
35				48			
36				49			
37				50			